KB220771

현_재_물_음_표_미_래_마_침_표_워_드_컬_럼_집

Present_Question_Future_Period_Word_Columns

Present|Question|Future|Period|Word|Columns

Korean version: copyright
© 2025, Jan. *by* Lee, Seon—Hwa D.Min., Th.M.

Jesus Loving Touch Press
Printed in Korea

Korean version published 12. 13 2024
Publisher—Pae, Soo—Young G.D.Miss., D.D.Theol.
Editorial and publication—Jesus Loving Touch Press

Publication registration
25100—2016—000073(2014.2.25)
17(#1709—203), Deongneung—ro 66—gil,
Dobong—gu, Seoul, of Korea
010—3088—0191/ E—mail: pjesson02@naver.com

Requests for information should be addressed to:
Author Contact: Cell phone : 010—7779—3799
E- mail: 2663655@hanmail.net

Present_Question_Future_Period_Coiumn

Present | Question | Future | Period | Word | Columns

현재물음표 & 미래마침표

워드컬럼집

현_재_물_음_표_미_래_마_침_표_워_드_컬_럼_집

이선화 지음

도서출판 러빙터치

구체적 그리스도의 사랑
Christ's Detailed Love

그리스도인이 되면 마땅히 천국에서 하나님 백성으로 거룩성을 지니고 축복 속에서 행복한 삶을 살아가야 맞는 이치입니다. 하지만 오히려 세속성의 세상에서 온갖 불합리한 악한 죄와 시험을 헤쳐가면서 그리스도인의 삶을 유지해 가야 하는데 이렇게 하기란 여간 성가신 일이 아닐 수 없어서 매우 유감스럽기만 합니다.

그리스도인으로서 그에 마땅한 경우에 맞는 온전한 믿음생활을 추구하는 것입니다. 그것은 곧 예수 그리스도의 사랑을 구체적으로 알아갈 때 하나님의 영적인 삶을 충만하게 이루는 것입니다. 그 말씀이 에베소서 3:19에 기록된 말씀입니다.

첫째, "그리스도의 사랑의 **넓이**를 알아라". 이 단어는 헬라어 '프라토스'이며, 뜻은, 이 세상 모든 것을 초월하여 포용하는 그의 사랑을 가리킵니다. 사람들을 사랑하는 재주가 아무리 남보다 뛰어난 [성 프란시스]도 지역적 편견을 초월한 포괄성있는 무한계의 사랑을 드러내지 못했습니다. 그렇지만 예수 그리스도께서는 우주를 껴안은 사랑을 십자가에서 행하셨습니다. 과연 예수의 사랑의 은혜를 외면한다면, 죽을 생명이 진정으로 다시 살 수 있을까요?

둘째, "그리스도의 사랑의 **길이**를 알아라". 이 단어는 '메코스'(헬)이며, 그 뜻은, 이 세상 인류의 허물을 전체적으로 감싸 안는 그의 십자가 구속적 사랑을 말합니다. 사람들은 상대에게 용서하고 관용을 베푼다고 야단을 떱니다. 완벽한 언어의 표현으로, 행동의 몸짓으로 가능하다고 하나, 예수 그리스도께서 우리의 허물을 감싸주시는데 우주적인 사랑의 길이에는 감히 비교할 수조차 없습니다.

셋째, 그리스도의 사랑의 **'높이'**를 알아라. 이 단어는 '휩포스(헬)이며, 하나님의 보좌 우편의 높은 영광을 의미하며 그 영광을 버리고라도 우리를 위해 '도성인신'하셨던 그의 사랑을 말합니다. 예수님의 본래 자리는 하나님께서 계셨던 우편 보좌이며, 오른쪽이라 함은 성부 하나님과 방불한, 똑같은 인격, 차별 없는 영광을 말하고 있습니다. 주님은 최고의 것을 박차고 최하의 인간으로 오셔서 하찮은 당신과 나를 건져주셨습니다.

넷째, 그리스도의 사랑의 **'깊이'**를 알아라. 이 단어는 '바도스'(헬)이며, 지옥 음부의 고통과 절망을 감수하셨다가 우리를 살리시려 '부활'하신 예수님의 사랑을 말합니다. 지구상에서 가장 처절했던 갈보리의 십자가 비극적인 사건을 잊어서는 안 될 것입니다. 우리 그리스도인은 예수 그리스도를 따라 다시 사는 부활에 참여하는 삶이어야 합니다.

그리스도인답게 예수의 사랑을 세밀하게 '넓게', '길게', '높게', '깊게' 알아가는 4중적 캐치에 '올-인'하도록 본서, [현재 물음표와 미래 마침표 워드 컬럼집](Present Question ,Future Period Word Columns)은 그 사명을 다할 것입니다. 우리가 세상의 거친 파고를 헤치며 굳건하게 살아가도록 천국으로 유도하는 '세빙선'(얼음을 깨면서 항해)같이 그 역할을 다할 것을 약속하면서 세상의 밝은 빛에 이 책을 내놓습니다.

광주 광역시 우치로 선상에서 이선화 드림

천국의 방향을 제시해주는 길라잡이
The guide to heaven

'현재 물음표 미래 마침표 워드 컬럼집'란 책을 펴낸다고 저자 이선화 목사님이 추천을 요청해 왔습니다. 저자는 10여년 전 미국의 메이저 신학교에서 목회학 전공학위(D.Min)를 취득할 때 교육을 받았던 재원입니다. 보내준 내용을 살펴보니 꽤나 고심이 되는 듯한 흔적들이 여기저기에서 묻어났습니다.

우리가 세상이란 현장에서 믿음을 지니고 믿음을 행사하면서 예수 믿는 사람답게 떳떳하게 살아가는 것은 그리 만만하지는 않습니다. 그런데 저자는 지방에서 목회사역도 하면서 그 도시 안에 위치한 유력한 교단의 지방신학교에서도 목회자 후학(後學)을 위해 노력하고 있습니다. 이런 몇 가지만 봐도 저자는 목회와 이론 현장의 달인 정도되는 목회자인 것은 틀림없습니다.

식물이 잘 성장하려면 떡잎부터 다르다는 말이 있습니다. 저자는 목회사역을 하기 이전엔 영적 사역에 민감하고 유능한 지도자 역할을 잘 감당했습니다. 그리고 목회자가 된 후에도 영적 사역을 기반하여 교회를 개척한 후 담임목사 사역을 병행하고 있습니다. 이것은 자신의 인생사이클을 어떤 처세로 살아왔는지 아주 중요한 삶의 자취를 보여주고 있습니다.

말하자면, 과거를 통해서 현재가 빛나고 있다는 것입니다. 이 책은 전체 3부(part)로 나누어 '첫 번째 장(chapter)'부터 '쉰여덟 번째 장(chapter)'까지 망라하여, 하나의 짧은 스토리를 하나님 말씀을 중심하여 슬기로운 지혜서처럼 기술해 놓았습니다.

이 책은 읽는 이로 하여금 감동을 주고, 때론 마음을 움직여 몸소 실천케 하여 아름다운 인생의 믿음의 삶을 영위할 수 있는 방향을 제시함으로써, 아주 유익한 인생의 보감이 되리라는 것을 감히 자인해봅니다.

저자는 하나님 백성으로서 자기관리를 통해 예수 믿는 사람답게 사는 길을 스스로 모색하여 의미 있는 삶을 공유하는 마음을 본서에 담았습니다. 그리스도인의 행복은 인성에 근거하고 있습니다. 그러므로 생활이 곧 수행인 만큼, 이 책에 담긴 글들은 삶의 지혜에 빛을 주는 무게감 있는 글들에 말씀을 중심하여 엮어 놓았습니다. 또 젊은 날 현재 물음표 같은 시간을 보내고 중년을 거쳐서 미래 마침표 삶의 여정을 향한 품위 있는 그리스도인으로서 글 읽는 문화적 삶을 영위하도록 해주고 있습니다.

인궁지막궁(人窮志莫窮)이라 했는데, 사람이 궁해졌다고 뜻까지 궁핍해져서는 안 된다는 말입니다. 이는 육적 조건이나 물질적인 상황에 구애받지 말고, 영적으로 강하고 활기차게 살아가는 중요성을 강조한 뜻이 깊이 담겨있다고 보는 것입니다. '현재 물음표 미래 마침표 워드 컬럼집'을 저술한 이선화 목사님은 초년의 인생길이 물음표 같았지만, 중년에 접어들고 미래를 의미있게 마치려는 소망을 말하고 있습니다.

자신만이 아닌 모든 인생의 동행자와 에벤에셀의 성도, 주변의 지인들과 함께 아름다운 삶을 영위하기 위하여 천국의 방향을 제시해주는 길라잡이를 하기 위해 저술한 본서를 강력히 추천합니다. 인생을 보람되게 갈무리해간다면, 반드시 현재적인 물음표가 미래적인 마침표로서 혼란한 삶의 현장에서 매우 당차고 매력있는 그리스도인이 될 것을 확신합니다.

분당 고을, 한국칼빈주의연구원 원장 정성구 박사

목 차

제1부   하_나_님_나_라 / The Kingdom of God

Contents

도표 목차　　본문을 돕기 위한 Table List

└ 이 책의 특성 ┘

1. 본서의 구성
[현재 물음표, 미래 마침표 워드 컬럼집], (이선화 지음)
(Present_Question_Future_Period_Columns)이다.
1부에서 3부로 구분되었으며, 전체 수록된 컬럼 편수는 58편이다.
컬럼 1편당, 대부분 3-6면의 분량으로 편집되어 있으며, 전체 페이지
수는 272면이다.

2. 각 부(Part) 주제
본서의 주제 등은 다음과 같이 설정되어 있다.
1부, 20편이 편집되었다. 주제는 '하나님의 백성'(요3:16)이다.
2부, 20편이 편집되었다. 주제는 '하나님의 교회'(빌4:13)이다.
3부, 18편이 편집되었다. 주제는 '하나님의 나라'(살전5:17,18)이다.

3. 본서의 강점
컬럼 한 편마다 현대 그리스도인(성도)으로서 IT시대의 첨단과학문명이
도전해 오는 것에 대하여 응전(應戰)하도록 본서, '현재 물음표, 미래 마침표
워드(말씀)컬럼집'의 강점(强占)으로 작용하게 될 것이다. 그에 대한 주제는
'목회적', '시사적', '세계관', '선교적', 그리고 '비전' 등의 안목으로 사려
깊게 집필해 놓았다.

4. 본서의 내용
하나 - 저자가 심혈을 기울여 '하나님을 중심한' 주제로 지상 위에 그의
　　　공동체를 세우기 위한 순수한 워드(말씀)를 중심하여 실었다.
둘 - 세속사회의 거친 도전을 거룩한 열정을 가지고 현재 물음표가
　　　가득한 세속성을 극복하도록 그리스도인을 리드하고 깨우려고 주옥
　　　같은 워드(말씀)로 미래 마침표로 편집디자인하여 엮어 놓았다.
셋 - 현대 그리스도인과 공동체가 본서에 수록된 워드(말씀) 컬럼으로
　　　충전되어 믿음 안에서 하나님의 창조역사를 이어 가도록 콘텐츠화
　　　해 놓았다.

5. 목회적(pastoral)
성도를 멘토의 대상으로 인식하고 그들과의 관계가 목회적, 관계적인
사람을 세우는 사역으로 이끌고 있다. 본서에 수록된 워드 컬럼이
목회적으로 그런 역할을 넉넉히 감당하게끔 하고 있다.

6. 시사적(suggestive)
'당시에 발생하고 있던 여러 가지 사회적 사건이 내포하고 있는 시대적
성격 및 사회적 정서'를 본서의 컬럼으로 대변하는 일을 시의적절하게
풀어내는 저자의 명쾌한 직관(直觀)이 고스란히 담겨있는 글들을 통해
풀어내는 재치는 너무 소중하기만 하다.

7. 세계관(world-view)
자연적 세계와 인간 세계를 아우르는 인생의 의의나 가치에 관하여
통일적 견해를 가진 저자의 기독교적 세계관에 입각(立脚)하여 펼치는
워드 컬럼은 주관적이면서 객관적인 타당성이 있다. 그러므로 본서는
혼란한 현장 속에서 잔잔한 물길처럼 도도하게 흐르면서 그 역할에
충실하게 작용하여 기독교 세계관을 이뤄가게 될 것이다.

8. 선교적(missionary)
16세기 후반부터 시작된 기독교 운동의 한 개념으로 교회의 본질은
선교에 있다고 정의하는 개념이다. 저자는 본서인 워드 컬럼으로 복음
전도를 거쳐 기독교 밖, 사회까지 확장하여 선교의 알찬 결실을 맺고
이웃을 구속하면서 사회정의까지 성취하도록 그 사명을 다해갈 것이다.

9. 비전(vision)
비전이란, 미래상이나 계획, 전망 등을 나타내는 영어의 낱말이지만,
능력의 개념이 가미된 감각으로서 꿰뚫어 보는 힘을 말해 주고 있다.
저자는 이런 통찰력(insight)으로 본서 워드 컬럼을 통해 능(能)히 그런
사역을 수행해 갈 것임을 여실히 보여주고 있다.

제 1 부
하나님의 백성

현_재_물_음_표_미_래_마_침_표_컬_럼_집

현재물음표미래마침표컬럼집

시작과 결말의 중요성 - ①

The beginning and ending are
important - 1

Column   1

우리가 이 세상의 순간순간을 살아가면서 엊그제 시작한 새해 첫날이 어느새 연말을 맞이하면서 지난 시간을 헤아려 볼 겨를도 없었던 것을 부인할 수 없습니다. 신속히 가는 세월 속에 사는 인생들이 자기에게 주어진 시간을 낭비하지 말고 세월을 아껴서 보람 있고 값있는 삶을 살도록 노력해야겠다는 다짐을 다시 한번 해보는 것입니다.

에베소서 5장 1절, 1절을 통해서 그리스도인은 각자에게 주어진 삶의 시간에 대해 너희가 어떻게 행할 것인지를 세밀하고 주의를 기하면서 지혜를 얻은 자같이 살되 지혜롭게 악한 세상 가운데 세월을 아껴야 한다고 당부하고 있습니다.

대부분 사람은 새로운 한 해를 시작할 때, 목표를 정하고 계획을 세우고 나름대로의 설계를 짜기도 합니다. 그리고 비상한 각오와 결심을 가지고 새로운 출발을 합니다. 그때는 목표 달성을 위해서 부단히 노력하기도 합니다. 그리고 년 말에 가면 한해의 삶을 결산하게 됩니다. 우리가 지나온 한해를 뒤돌아보면서 과연 목표가 달성되었는가? 계획했던 대로 모든 일이 진척되었는지를 살펴보고 결산해야 할 것입니다. 잘 된 것은 더 감사하고 잘 되지 못한 것은 분발하여 더 잘할 수 있도록 고치고 노력해야 하겠습니다.

욥기 8장 7절에서, "네 시작은 미약하였으나 네 나중은 심히 창대하리라"고 말씀하고 있습니다. 이렇게 나중의 결말이 창대(昌大)하려면 시작도 잘해야 하지만 결말도 잘 맺어야 한다는 것을 권면하고 있습니다. 그러므로 시작과 결말은 대단히 중요합니다. '시작과 결말의 중요성'은 아무리 강조해도 우리 삶에서 중요하고 심오(深奧)한 주제일 수밖에 없습니다.

일반적으로 지나간 한해를 결산하면서, 다가온 해를 맞이할 때, 어떠한 자세로 가고 오는 해를 맞이해야 할까?를 생각해 보면 다음과 같이 생각해 볼 수 있습니다.

　첫째, 시작의 중요성을 알고 시작을 잘해야 합니다.
무슨 일을 하든지 첫 시작이 중요합니다. 첫 시작을 잘못하면 만사가 다 틀어지거나 어렵고 힘이 듭니다. 그러나 시작을 잘하면 그만큼 수월하고 선한 결실을 맺게 됩니다. 옷을 입을 때도 첫째 단추를 잘 채워야 하고 경기장에서 경기할 때도 첫출발을 잘해야 하고 범사에 모든 일도 첫 시작이 잘되어야 합니다. 그러면 우리가 모든 일을 시작하면서 어떻게 해야 할까요?

　-다가온 새해 앞에서 먼저 하나님 앞에 기도함으로 시작이 되어야 합니다.

욥기 8장 5절에서, "네가 만일 하나님을 찾으며 전능하신 이에게 간구하고" 말씀하고 있습니다. 이 말씀과 같이 많은 그리스도인이 한 해의 성공적인 삶을 위해서 작정기도, 금식기도, 그리고 철야기도를 하고 새로운 출발을 합니다. 미래의 중대한 문제를 위해서 기도해야 한다는 것입니다. 그러므로 기도생활을 게을리하면 안 될 것을 말씀하고 있습니다.

로마서 12장 11절, 12절에서, "부지런하여 게으르지 말고 열심을 품고 주를 섬기라 소망 중에 즐거워하며 환난 중에 참으며 기도에 항상 힘쓰며"라고 말씀합니다.

마태복음 7장 7절에서, "구하라 그리하면 너희에게 주실 것이요 찾으라 그리하면 찾아낼 것이요 문을 두드리라 그리하면 너희에게 열릴 것이니"라고 합니다. 시편 146편 5절에서 "야곱의 하나님을 자기의 도움으로 삼으며 여호와 자기 하나님에게 자기의 소망을 두는 자는 복이 있도다"라고 말씀합니다.

　-열정적으로 소망의 마음으로 어려움을 극복하고 기도해야 합니다. 구하거나 찾거나 간절하게 얻고자 하면 반드시 얻는데 그것은 기도해야 한다고 합니다. 우리를 돕는 대상은 다른 신이 아니고 전능하신 하나님이라고 합니다. 그분께 소망을 둘 때, 하나님의 무궁한 복을 받습니다. 하나님은 전능하셔서 우리를 도우시는 분입니다.

하나님은 미래에 가장 신뢰할 수 있는 대상이신 살아계신 분이십니다. 그 하나님을 우리의 소망으로 삼고, 믿고, 맡겨서 모든 문제를 기도함으로서 응답을 받아야 할 것입니다. 그러므로 하나님의 도우심으로 목표를 달성하고 풍성한 결실을 맺어야 할 것입니다.

　-믿음으로 청결하고 정직하게 첫출발을 해야 합니다.
그리스도인은 범사에 믿음 안에 서 있어야 하며, 청결하면서 정직해야 할 것입니다. 청결하다는 말은 깨끗하다는 말입니다. 인간의 정욕, 불신앙의 죄, 악한 생각, 거짓 된 것, 등 불합리한 것이 마음 가운데 자리 잡고 있으면 하나님의 도우심을 받지 못합니다.
욥기 8장 6절에서, "또 청결하고 정직하면 반드시 너를 돌보시고 네 의로운 처소를 평안하게 하실 것이라"고 말씀하고 있습니다.

하나님께서는 마음이 청결하고 정직한 그리스도인에게 관심을 가지고 돌보아 주십니다. 그에게 하나님께서 만사(萬事)에 도움이 되시고 축복하여 주십니다. 우리가 하는 모든 일에 하나님의 도우심이 아니면 아무 것도 할 수가 없습니다. 그러므로 하나님의 절대적인 도우심이 있어야 합니다. 인간은 부족하고 불가능한 일 투성이지만, 하나님은 능력의 하나님이시고 불가능이 전혀 없으신 분이십니다. 그러므로 범사의 모든 문제를 하나님께 맡기고 기도해야 할 것입니다. 그리고 믿음의 첫 걸음을 내딛어야 할 것입니다.

　-믿음의 조상에게 묻고 조상들이 터득한 일을 배워야 합니다.
우리 믿음의 선조(The forefather of faith)는 살아계신 하나님을 섬기는 대상으로 삼았으며, 그 하나님을 믿음으로 범사를 맡기고 하나님의 뜻을 따라서 행하였으며 하나님의 말씀을 전적으로 순종함으로 살았습니다.

갈라디아서 3장 6절, 7절에서, "아브라함이 하나님을 믿으매 그것을 그에게 의로 정하셨다 함과 같으니라 그런즉 믿음으로 말미암은 자들은 아브라함의 자손인 줄 알지어다"라고 말씀했습니다.

우리의 믿음의 조상 아브라함은 하나님을 신실하게 믿어서 그 믿는 바를 남김없이 후손들에게, 우리 그리스도인들에게 전수(傳受)했습니다. 아브라함과 같이 우리 그리스도인도 하나님 말씀을 순종해야 합니다. 아브라함은 어디를 가는 곳마다 하나님 앞에 예배한 것처럼 우리 그리스도인도 그런 삶을 이루어야 하겠습니다. 아브라함이 하나님의 크신 축복을 받은 선조(先祖)였습니다. 우리 그리스도인도 아브라함처럼 하나님의 축복을 산처럼 이루는 삶을 배워가야 하겠습니다.

현재 물음표 미래 마침표 컬럼집

시작과 결말의 중요성 - ②

The beginning and ending are
important - 2

Column *2*

우리가 한 해를 마무리 짓고 한 해를 맞이할 때, 우리 믿음의 조상
과 같이 하나님을 믿고 범사를 하나님의 선하신 뜻을 따라서 행하
고 하나님의 말씀에 전적(全的)으로 순종함으로 새롭게 출발하는 것
을 망각(忘却)하지 말고 실천해야겠습니다. 이렇게 함으로 하나님이
함께하시고 도우시는 은혜 가운데서 만사가 형통하고 범사가 잘되
는 축복을 공급받을 수 있습니다.

　둘째, 좋은 결말을 위하여 인내하며 성실하게 일해야 합니다
아무리 좋은 계획과 목표를 가지고 새로운 출발을 잘해도 버티는
것이 없으면 나중은 흐지브지(fizzle out)하여 성실하게 일을 추진하

지 못하게 됩니다. 그렇게 되면 좋은 결말을 기대할 수가 없습니다.

야고보서 5장 7절부터 11절까지, "그러므로 형제들아 주께서 강림하시기까지 길이 참으라 보라 농부가 땅에서 나는 귀한 열매를 바라고 길이 참아 이른 비와 늦은 비를 기다리나니 너희도 길이 참고 마음을 굳건하게 하라 주의 강림이 가까우니라 … 너희가 욥의 인내를 들었고 주께서 주신 결말을 보았거니와 주는 가장 자비하시고 긍휼히 여기시는 이시니라"고 말씀합니다.

우리가 무슨 일이든지 추진하다 보면 시련과 연단이 있고 어려운 고비를 넘어야 할 때도 있습니다. 그러나 인내로서 그 고비를 넘어가면 반드시 역사는 일어나고 축복을 받게 되는 것입니다.

히브리서 6장 13절, 14절에서, "하나님이 아브라함에게 약속하실 때에 가리켜 맹세할 자가 자기보다 더 큰 이가 없음으로 자기를 가리켜 맹세하여 이르시되 내가 반드시 너에게 복주고 복 주며 너를 번성케 하고 번성케 하리라 하셨더니 그가 이같이 오래 참아 약속을 받았느니라"고 하였습니다.

누구든지 일하는 사람에게 얻게 되는 모든 소득은 일한 만큼 거둔다고 약속합니다. 고린도후서 9장 6절에서, "이것이 곧 적게 심는 자는 적게 거두고 많이 심는 자는 많이 거둔다 하는 말이로다"합니다.

우리는 신실한 그리스도인으로서 범사에 인내하며 성실한 일군이 되어 목표하고 계획한 일이 성취되고 좋은 결말을 풍성하게 얻는 하나님의 무한한 축복을 공급받아야 세속성이 강한 세상에서 하나님의 의로움으로 살아갈 수 있습니다.

셋째, 좋은 결말을 지어 하나님께 인정받아야 합니다.

 -대부분 사람은 좋은 것으로 시작하지만 인내하지 못하거나 성실하지 못하여 좋은 결말을 얻지 못하는 경향이 많습니다. 시작과 끝맺음은 대단히 중요합니다. 성경의 교훈대로 우리는 시작하기는 미약(微弱)하지만 결실만큼은 예상하지 못한 엄청난 결과를 얻는 축복의 대열(욥8:7)에서 이탈하지 말아야 하겠습니다.

요한계시록 2장 19절에서, "내가 네 사업과 사랑과 믿음과 섬김과 인내를 아노니 네 나중 행위가 처음 것보다 많도다"고 하셨습니다. 초대교회의 두아디라교회의 영적인 상태를 주님께서 인정하고 말씀하였습니다. 두아디라교회는 자기들이 맡은 바 일을 성실하게 열심히 잘했기 때문에 좋은 결말을 맺은 것을 주님께 인정받았습니다.

전도서 7장 8절에서, "일의 끝이 시작보다 낫고 참는 마음이 교만한 마음보다 나으니라"고 함으로서 끝맺음이 얼마나 중요함을 말하고 있습니다. 갈라디아서 3장 3절에서, "너희가 이같이 어리석으냐 성령으로 시작하였다가 이제는 육체로 마치겠느냐"고 갈라디아 교회를 향하여 말씀하였습니다. 믿음으로 시작을 잘하였으면 끝까지 믿음으로 나가야 하고 인내하면서 세운 계획을 위하여 믿음 가운데서 최선을 다해야 할 것입니다.

우리 그리스도인은 이번 해에도 한 해를 마무리 짓고 한 해를 맞이할 때, 첫 시작의 중요성을 깊이 깨닫고 첫 시작을 잘해 가야 할 것입니다. 지난 한 해를 뒤돌아 보내면서 새 출발을 믿음으로 드리고 기도함으로 시작과 결말을 맺어야 할 것입니다.

현재물음표미래마침표컬럼집

굳건한 소망은 기회가
없을 때 갖는 것입니다

If you don't have a chance,
have a strong desire

Column 3

성경에 딱 한 번 언급되는 인물, 야베스는 당시 '바벨론 포로기'의 암흑기(暗黑期)를 지나는 이스라엘 백성들에게 얼마나 큰 용기와 도전을 주었을지 미루어 짐작하게 합니다. 야베스의 삶은 우리 그리스도인에게 참된 성공의 기회를 엿보게 하는 샘플입니다. 그에 대하여 사려 깊게 성찰하는 것이 좋을 듯 합니다.

첫째, 자기 자신에게 주어진 삶을 체념하지 마십시요.
'야베스'라는 이름의 의미는, 그의 어머니가 많은 산고(産苦) 중에 그를 낳았기 때문에 붙여진 이름입니다. 야베스는 모든 불행한 자신에게 닥쳤던 현실을 이기고 극복할 수 있는 믿음을 가지고 있었습니다. 그가 자신의 이름과 같이 자신의 삶에서 찾아드는 고통과 슬

23

품을 극복할 수 없는 것으로 체념하고 포기했다면 아마, 야베스는 없었을 것입니다.

　-하나님께서는 육적(肉的)인 조건을 자랑할 수 없게 하십니다.
　-우리의 연약함이 오히려 자신의 능력을 나타내는 것입니다.

　둘째, 인생의 반전(反轉)을 이루시는 하나님께 구해 보십시요. 야베스가 하나님께 기도할 때 얼마나 간절하고 절박하게 매어 달리는 기도를 드렸는지 모릅니다. 그는 평소에 기도하는 습성이 몸에 배어서인지 이렇게 최선을 다하여 하나님께 다가서고 있습니다. 우리도 우리의 인생을 반전(反轉) 시키고 변화시켜 주실 하나님께 최선을 다하여 간청하는 그리스도인이 되어야 하지 않겠습니까? 그것이 인생의 가장 적절한 기회를 부여잡는 방법입니다.

> 〈Table-1〉 **하나님께 가까이 가는 야베스의 기도 조건**
> _묵상으로 도출한 사역과 기적_
>
> Before – Close to God, Prayer Condition
> ▎4-1 구하는 자들의 기도에 응답하실 것을 약속받았습니다
>
> Begining – Close to God, Prayer Condition
> ▎4-2 구하고 찾고 노력하는 자들에게 기회가 주어집니다
> ▎4-3 낙심치 말고 인내하며 기도해야 합니다
>
> After – Close to God, Prayer Condition
> ▎4-4 최후 기도가 일생 동안 행했던 것보다 더 많은 결실을
> 　　거두기도 합니다
>
> *야베스는 하나님께 가까이 가는 조건들을 잘 알고 있었습니다.

셋째, 절망 속에서도 높은 이상을 품는 믿음을 보여 줍니다. 야베스는 실천 불가능한 일을 숙명(宿命)으로 받아들여야 할 일을 하나님 앞에서 구하고 있습니다. 그 이유는 자신의 인생을 돌이키고 반전시킬 분은 하나님 뿐이라는 믿음이 있었기 때문이었습니다. 놀라운 사실은 하나님께서는 이 불가능한 일을 가능하게 하셨다는 데 있습니다.

그에게 복에 복을 더하셨고, 그의 지경을 넓히셨고, 그의 근심을 없게 해 주셨던 것입니다. 하나님은 이처럼 불가능을 가능케 하시는 분이십니다. 그리고 하나님은 구하는 자에게 응답하시며 더 풍성한 것으로 응답하시는 분이십니다.

그러므로 우리가 야베스 같이 높은 이상과 소원을 품고 전력을 다하여 기도하므로 더 이상 세상에서의 헛된 수고와 노력을 기울이지 말아야 한다는 것을 말해주고 있습니다. 그러므로 현재의 고난과 어려움은 소원의 항구로 가는 험난한 과정에 있음을 깨달아야 할 것입니다. 또 하나님께서는 자기를 경외하는 자의 소원을 이루어 주신다는 확신을 저버리지 말아야 합니다. 그리고 바랄 수 없는 형편에 처하더라도 오히려 굳건한 소망을 지니고 좌고우면(左顧右眄)하지 말고 나가야 할 것을 교훈하고 있습니다.

현재물음표미래마침표컬럼집

삶의 불청객—염려, 근심, 걱정을 맡겨야 합니다

like an uninvited guest of life
Leave your concerns to them

Column 4

인간의 삶에도 무거운 짐과 괴로운 일 자체보다, 삶의 짐, 즉 무게로 인하여 생겨난 근심, 걱정, 불안, 초조 등에 집중하거나 거기에 몰두(沒頭)하면 그 결과는 마음의 파탄을 가져옵니다. 이같이 연기처럼 피어오르는 염려를 어떻게 해야 건강한 그리스도인의 삶을 생산하게 될까요? 도대체 그 비결에 이르는 길이 어디 있을까요?

인간이 왜 근심 걱정이라는 감정에 휘말리게 됩니까? 또 그 감정은 어떤 속성을 지니고 있습니까? 말하자면, 그것은 백해무익(百害無益)하면서 삶이나 환경을 변화시킬 힘이 없다는 데 있습니다. 사람이 염려하고 걱정한다고 해서 자신의 삶에서 그냥 넘어가지 않고 기필코 찾아오는 주제가 '생'(生), '로'(老), '병'(病), '사'(死)입니다 이 주제는 인간이 생명을 유지하고 살아가는 한, 기필코 찾아온다는 것을 말하고 있습니다. 우리가 염려함으로 자신의 키를 한치라도 크게 하거나 머리카락 한 올도 희고 검게 할 수 없듯이, 어떤 일에 대하여 염려하든지 않든지 일어날 일은 일어난다는 것입니다.

잠언 14장 3절에서, "웃는 중에도 마음에 슬픔이 있고, 즐거움의 끝에도 근심할 일이 찾아든다고 했습니다. 누구라도 걱정 근심의 주제에 대하여는 면제(免除)라는 특권 속에 사는 사람은 한 사람도 없다는 사실입니다.

정신적으로 절망하고 낙심하게 되면 육체적으로 심각한 스트레스를 가져옵니다. 이 스트레스는 근심 걱정이라고 말합니다. 이 문제는 우리 마음에서 평안과 긍정적인 생각을 빼앗아가는 부정적 감정입니다. 그러므로 개인과 가정에 불행과 관계에서 난조(亂調)를 겪게 되는 것입니다. 즉 걱정 근심이 우리의 삶 속에 공해(公害)같이 존재함으로 그리스도인 자신을 갉아 먹게 된다는 것입니다.
잠언 17장 22절에서, "마음의 즐거움은 양약이라도 심령의 근심은 뼈를 마르게 하느니라"고 말씀합니다.

그렇다면 염려를 방치할 것인가? 아니면 극복할 것인가?를 사려 깊게 성찰해야 합니다. 먼저, 우리 그리스도인이 관리해야 할 한계를 넘어설 때, 그것을 어딘가에 보관하고 관리를 맡겨야 합니다. 마찬

가지로 염려도 우리 자신이 관리할 한계를 넘어서게 될 때, 그것을 맡길 대상을 찾아서 자신의 부정적인 염려 등에 대한 관리를 의뢰할 줄 알아야 합니다.

염려를 맡기고 관리를 의뢰할 대상을 전능자 하나님으로 대상을 정해야 합니다. 절대 주권자(Sovereignty)이시고, 전능자(Almighty)이신 하나님께서는 악하고 위험한 세상에서 우리의 연약한 모든 조건 꺼지도 다 맡겨드릴 분이십니다. 그러므로 하나님을 찾아서 그 앞에 나아가 부족하고 약한 자신을 의뢰(신뢰)해야만 합니다.

왜냐하면 그분은 우리의 염려를 맡아 주실만 한 능력 있는 분이기 때문입니다. 즉 우리의 염려를 맡긴다는 의미는 우리를 온전하게 맡길 분은 우리의 처지를 잘 아시고 현재의 상황을 그대로 받아주시는 하나님이시고 오직 그분만이 지니신 독특한 속성을 행사하시는 전지전능하신 분이시기 때문입니다.

이사야 40장 27절에서 31절엔 창조하신 하나님의 속성을 언급하면서 그분은 피곤을 모르는 분이며, 곤비하지도 않고 오히려 지혜와 명철이 제한이 없는 분이이라고 고백하고 있습니다. 나아가서 그분은 피곤한 우리에게 능력을 주시고 무능한 자에게 힘을 더해 주신다고 합니다. 젊은이나 왕성한 능력의 소유자라도 실수하고 넘어지는데 그 가운데 하나님을 앙망하고 의로하면 신비로운 새힘을 공급해 준다고 이사야 선지자는 고백하고 있습니다. 결국엔 이런 사람은 독수리 같이 날개 치며 솟아오르며, 아무리 심한 일로 시달려도 건강하게 존재한다고 믿음의 고백을 거듭하고 있습니다.

성부 하나님과 성자 예수님도 우리의 염려를 맡아 주신다고 성경은 증거하고 있습니다. 우리의 염려를 주님께 맡기는 것은 어쩌면 우리에게 부여된 특권이라서 주님께 맡기는 것이 당연한 이치(理致)와도 같습니다. 그분은 우리의 기도와 간구를 기다리고 계시므로, 그분은 우리의 염려를 막아주는 방패가 되시므로, 염려를 안심하고 맡길 수 있습니다. 맡기되 평안이 이를 때까지 완전히 맡기는 것을 준수하는 것입니다. 이렇게 온전히 우리의 염려, 걱정, 근심 등을 맡겨서 진정한 평안이 이를 때까지 거룩한 그리스도인의 여유있는 믿음의 삶을 이루어야 하지 않겠습니까?

우리 안에 쉽게 발생할 수 있는 '염려'(worry)란 작은 불씨와 같아서 빨리 제거하지 않으면 온 집을 불태우고 맙니다. 이것은 매우 작지만 가장 극렬한 불로 확산되는 성질을 가지고 있습니다. 염려는 우리의 마음을 황폐하게 하고, 생활에서 기쁨과 활력을 빼앗아가며 삶을 불행하게 합니다. 반대로 염려, 근심, 걱정을 기도로 맡기고 감사하면 하나님이 반드시 모든 짐을 책임져 주시고 평안을 주실 것을 확신합니다.

현재 물음표 미래 마침표 컬럼집

인간의 운명과 선택-
'이터널 라이프!'

Human destiny and choice-
Eternal Life!"

Column   5

인생은 늘상 선택의 연속선상에서 살아가고 있습니다. 지금까지 자신에게 주어진 삶을 살아가면서 겪었던 순간을 곰곰이 생각해 보면, 그것은 선택의 연속이었습니다. 어느 한순간에도 선택하지 않고 그냥 지나쳤던 순간은 없었습니다.

사람은 자신의 미래를 모르거나 예시(例示)할 능력이 미비(未備)하기에 지금 우리 그리스도인이 처한 삶에 대하여 '운명의 시간표'(a timetable for destiny)라고 여기고 있습니다. 운명의 조건이 무엇입니까? 자신의 부모 형제, 친척 심지어 조상까지 내가 선택하지 못했습니다. 내가 태어난 고향, 산천, 나라, 또 시대와 환경 역시 내가 선택하지 못했습니다. 그런데 성경에서 활동했던 사람처럼 이를 운명이라 하지 않고 그 근원(cause)을 창조주 하나님께 두고 있습니다. 그리스도인들은 이를 운명이라 하지 않습니다. 자신의 운명은 오직 하나님께서 섭리하시는 대로 결정된다는 것입니다.

이와는 다른 조건들 교육환경, 결혼, 직업 등은 자신이 선택하여 지금까지 생존해 온 것들입니다. 일반적 사람은 자신의 삶에서 동반(同伴)하는 운명은 이미 결정지어진 것이라 믿고 있습니다. 그러나 하나님을 섬기는 하나님의 백성{The People of God}은 예수 그리스도를 믿는 믿음의 사상(思想)으로서 그 운명의 조건으로 여기는 대신, '하나님께서 오묘한 섭리로 자신에게 제공하신 것'이라 믿는 것입니다. 우리에게 이미 정해진 삶 속에서 선택하는 결정권은 우리 자신입니다. 하지만, 그 결과를 능히 담당할 수 있도록 오묘하게 섭리하시는 방편으로 개입하시는 하나님께서는 이런 일들까지도 고려하여 일하고 계십니다.

이런 전제(前提)하에서 '인간의 운명과 선택의 자유'라는 주제에 대하여 세 가지로 생각해 볼 수 있습니다.

첫째 에덴동산은 인간의 선택의 여지가 전혀 없는 곳입니다. 거기서 아담이 최초 인간으로서 하나님에 의하여 지음을 받고 에덴에 거하게 된 것입니다. 이것은 하나님의 창조의 뜻이요, 섭리였습니다. 창세기 1장 26-27절에, 삼위 하나님이신 성부 하나님(The Father of God), 성자 예수님(The Son of God), 성령 하나님(The Holy spirit of God)이 인간의 창조를 앞두고 토론하십니다. "우리의 형상을 따라 우리의 모양대로 우리가 사람을 만들고 그로 바다의 고기와 공중의 새와 육축과 온 땅과 땅에 기는 모든 것을 다스리도록 창조하자고 결정하셨습니다. 그 다음 세분 하나님은 자기 형상과 똑같이 사람을 빚으셨는데, 남자와 여자를 창조해 주셨습니다.

둘째 창조의 대상, 아담에게 주어진 '선택'이라는 자유입니다.
그에 대하여 하나님께서 창조된 사람, 아담에게 명령하셨습니다. 에덴동산의 모든 실과는 자유롭게 따 먹지만, 선악을 알게 하는 나무의 실과를 절대 따 먹지 말라, 먹으면 반드시 죽는다는 조건을 경고하셨습니다. 선악을 알게 하는 나무는 에덴동산 중앙에 심겨져 있었습니다. 아담에게 선택할 수 있는 자유를 주셨지만 그 속성을 잘못 선택한다면, '선악을 알게 하는 나무'는 선택하여 따 먹으면 그에 따른 책임이 주어지게 되어 있습니다. 그런 결과의 책임을 다음 말씀이 확실히 밝혀주고 있습니다.

창세기 2장 15절부터 17절까지에서, "여호와 하나님이 그 사람을 이끌어 에덴 동산에 두어 그것을 경작하며 지키게 하시고 여호와 하나님이 그 사람에게 명하여 이르시되 동산 각종 나무의 열매는 네가 임의로 먹되 선악을 알게 하는 나무의 열매는 먹지 말라 네가 먹는 날에는 반드시 죽으리라 하시니라"라고 말씀했습니다.

셋째, 아담과 하와의 잘못된 선택입니다.
아담과 하와에게 뱀(사탄)이 다가와 '선악과를 먹으면 하나님과 같이 된다'는 거짓된 유혹을 남발(濫發)하게 되었습니다. 아담과 하와는 그 유혹에 대하여 하나님 말씀에 비추어 자신을 성찰하면서 삼가 조심해야 하는데 그렇지 않고 잘못된 선택을 해버렸습니다. 이 결과, 하나님의 창조물인 아담이 자유라는 속성으로 선택을 했지만, 그 결과는 하나님을 거역하는 결과로 나타나고 말았습니다. 이로 인하여 아담과 하와는 에덴동산의 모든 축복권을 상실하므로 죽음을 맞게 되었으며, 심판까지 당하고 저주에 빠지는 결과에 이르고 말았습니다.

그러나 인간 아담과 하와가 분명히 잘못하여 모든 축복의 조건을 빼앗기고 죽음이라느 참담한 지경에 빠지고 말았습니다. 거기서 인간은 저주상태로 끝나지 않았습니다. 하나님께서 외아들 예수님을 이 땅에 보내어 우리가 받을 저주를 십자가에서 못박히고 저주를 대신 받아 죽어주심으로 우리가 대신 살게 되었습니다. 우리는 죄인이지만 대신 영원히 살게(영생) 되었습니다. 세상에 이런 사례가 두 번 다시 있을 수 있겠습니까?

"다시 한번 생각하면,
하나님의 은혜는 은혜 위에 은헤입니다"
"God's grace is grace of grace".

거룩한 존재였던 인간 스스로 선택한 비극

Holy beings, tragedy of human choice

Column *6*

원래 지구상에 존재했던 인간은 영생(Eternal life)을 지닌 채 하나님과의 친교 안에서 존재하는 본질적인 축복의 조건이었습니다. 그러나 지구상의 인류의 비극은 인간 스스로 선택한 결과에 이르게 되었습니다.

첫째, 육체적 병듦, 노쇠함 그리고 죽음 후 심판 당합니다.
아담과 하와의 타락으로 영적인 죽음과 땅의 저주가 임하게 되었습니다. 그 실제적인 죽음의 의미는 남자는 평생 땀을 흘려 노동해서 식솔(食率)의 의식주를 해결해야 하는 책임을 안게 되었습니다. 그리고 여인은 해산의 고통을· 짊어지게 되었으며 부부의 갈등, 육체적 병듦과 노쇠함, 그리고 죽음의 심판을 받게 되는 비참한 존재에 이르게 되었습니다.

창세기 3장 10절에서 아담 자신이 동산에서 하나님의 음성을 들었을 때, 거기서 벌거벗은 줄 알고 두려움이 찾아왔다고 했습니다. 이어서 창세기 3장 16절부터 19절에서 하나님께서 하와에게 선악과를 따 먹은 결과에 대한 응징(膺懲)을 말씀합니다. 여인은 잉태하는 고과 자녀를 낳는 고통을 겪게 될 것을 선언하셨습니다. 아담에게도 응징의 말씀을 하셨습니다. 하와의 말만 듣고 동산 중앙의 선악과를 따 먹었으므로 땅은 아담으로 인하여 저주를 받게된다고 하셨습니다. 그리고 아담은 그 저주받은 땅을 갈고 열매를 내는데 죽을 때까지 수고하다가 결국 흙으로 돌아가는 것은 사람인 아담은 흙의 존재이니 흙으로 돌아가는 결말을 맞게 되는 것을 말씀했습니다.

둘째, 인간을 창조하면서 자유의지를 주셨습니다.
하나님께서 인간을 창조하실 때, '자유의지'(free will)의 속성을 함께 부여하여 창조하셨다는 것을 그냥 지나칠 수 없습니다. 이것은 하나님의 형상, 인간에 함유된 속성 중 하나임을 깨달아야 합니다. 오직 하나님의 창조물이라 해서 기계처럼 하나님께 순정하게 되어 있는 것이 아닙니다. 창조물 중에 인간만이 하나님께 순종하거나 거역할 수 있는 '자유 의지'를 지닌 인격적 존재라는 것입니다. 그러나 선택의 자유에는 책임이 따르게 되어 있습니다. 잘못된 선택에는 그에 대한 필연적 고통도 임하게 된다고 경고합니다.

로마서 5장 12절에서, 아담 한 사람이 에덴동산에서 죄를 지으므로 세상에 그 영향력이 퍼져서 전 인류(모든 사람)가 죄를 범하게 되고 사망에 이르러 영원한 생명에서 영원한 죽음을 당하다는 것입니다.

셋째, 잘못된 선택의 결과로서 그 비극은 자신에게 돌아옵니다. 아담과 하와는 잘못된 선택을 한 것을 남의 탓으로 돌렸으나 그 결과는 자기 책임으로 돌아오고 말았습니다. 에덴동산에서 뱀이 간교하게 하와를 미혹했던 그 꾐에 빠져 원래 거룩하던 존재인 아담과 하와는 타락하고 말았습니다. 그에 대한 결과로서 사람의 마음이 부패하고 죄악되고 그릇된 길로 빠지기 쉽게 되었습니다. 이 결과 그리스도를 향하는 진실함과 깨끗함에서 떠나 부패하는 존재가 되는 것을 경계하라는 말씀입니다(고후 11:3). 우리는 이에 대하여 경계하고 자신의 연약함을 항상 주님께 의뢰하고 그의 인도를 받아야 합니다.

현재물음표미래마침표컬럼집

예수님의 시험과 선택

The test and choice of Jesus

Column 7

예수님이 40 주야(a forty-day night)를 광야에서 쉬지 않고 금식하시며 기도에 전념(All-in)하셨습니다. 그후 금식하던 광야에서 시험을 당했습니다.

마태복음 4장 3절부터 11절까지는, 예수님께서 마귀가 유혹한 육신의 정욕, 안목의 정욕, 그리고 이생의 자랑에서 자신을 시험하는 마귀의 유혹에 대해 말씀으로 물리치고 하나님께서 원하시는 의로운 길(The righteous path)을 선택하셨음을 증거하고 있습니다.

마태복음 4장 3절에서, 예수님이 시험을 당하는 상황은 마귀가 예수님께 나아와서 유혹했습니다. "네가 만일 하나님의 아들이어든 명하여 이 돌들로 떡덩이가 되게 하라"고 말입니다. 이 시험을 받았던 예수님께서 그 시험에 대한 답을 하셨습니다. 예수님은 기록된 성경 말씀을 근거로 들어서 시험에 대항했습니다. 사람이 먹거리로만 살 수 없으니 하나님께서 직접 말씀하셨던 그 모든 말씀으로 살 수 있다고 선언하듯 말씀하셨습니다.

이어서 예수 그리스도는 사탄에게 준엄하게 꾸짖으셨습니다. "주 너희 하나님을 시험하지 말고, 주 너의 하나님께 경배하고 다만 그를 섬기라 하였느니라"(마 4:7,10).

첫째, 예수님의 최후의 선택은 이렇습니다.
예수 그리스도는 헬라인들의 초청을 받았을 때 겟세마네 동산에서도 행하셨던 선택은 하나님의 뜻을 좇는 선택을 하셨습니다. 그것은 인류구원을 위한 희생 제물이 될 것을 택하셨다는 말입니다. 예수 그리스도는 대제사장들과 공회 앞에서와 빌라도의 법정에서도 생명을 구걸하지 않고 장엄하게 침묵을 지키셨습니다.

로마서 5장 1절과 19절에서, 아담 한 삶의 범죄가 모든 사람의 정죄에 이르고, 한 사람의 의의 행동으로 모든 사람이 의롭게 되었다고 증거하고 있습니다. 즉 악인(Evil men)과 의인(Righteous men)이 이로부터 생성된다고 말하고 있습니다.

예수님께서는 항상 중요한 선택에 놓이는 기로(岐路)에서 한 번도 잘못된 선택을 하신 일이 없었습니다. 그의 올바르고 지혜로운 선택은 차라리 '지상에서의 위대한 선택'(The great choice on earth)이었다고 거리낌 없이 내세울 수 있습니다. 우리도 예수님을 본받아 중요한 선택(Important choice), 올바른 선택(Right choice), 그리고 위대한 선택(Great choice)을 하면서 동시에 하나님을 기뻐하시도록 해야 할 것입니다. 그러기 위해 성령님께 도움을 요청하면서 그의 능력으로 하나님께서 기뻐하시도록 하는 것입니다.

  둘째, 우리가 행사하는 선택의 자유입니다.
하나님께서 인간을 창조하실 때 함께 부여(附與)하신 속성 중 '자유 의지'(free will)가 있습니다. 그 자유의지로 선택을 하는 것은 우리는 스스로 자유롭게 하는 몸부림입니다. 다음의 몇 가지는 그와 관계된 사항입니다.

  -인간의 삶의 큰 틀은 정해져 있지만, 그 안에서의 삶에는 우리에게 선택적인 자유가 주어졌다는 것입니다.
  -성경은 우리가 무엇을 선택하든지 그 다음 결과는 우리가 책임을 져야 한다고 말씀하고 있습니다.
  -우리 앞에는 항상 두 길이 있습니다. 의로운 길은 좁고 험하지만, 그 결과는 생명의 길이라고 말씀하고 있습니다. 그 반면 인간적인 세상의 길은 넓고 편하지만, 종국(終局)에 가서는 사망의 길입니다(신 11:26-29, 30:14-16).

마태복음 7장 13절, 14절에서, 멸망의 문은 크고 넓어서 찾는 이가 많지만, 그 길을 가지 말것을 권면하고 있다. 그에 반해 생명의 문은 좁아서 찾는 사람이 현저하게 적다고 말합니다.
마태복음 6장 29절부터 33절까지에서, 하나님의 나라와 하나님의 의를 구하고, 성령님의 도우심 가운데 사랑과 순종의 자유자로 살아갈 것을 권하고 있습니다.

사람들은 무슨 일에 있어서, 그 결과가 '잘되면 자기 탓이요 못되면 조상 탓'으로 돌리기 일쑤입니다. 자기의 잘못된 선택을 절대로 남의 책임으로 돌릴 수 없습니다. 우리는 잘못된 선택을 회개하고 내일을 위하여 새롭고 올바른 선택을 해야만 합니다. 이로써 예수님의 시험과 선택을 곰곰이 생각하면서 우리의 삶 속에서 선택하는 일과 그 결과를 신중하게 결말지어 가야 할 것입니다.

주님께 나가는 자에게
베푸시는 축복

To those who go to the Lord
the blessing of giving

현재물음표미래마침표컬럼집

Column 8

우리 그리스도인은 살아가면서 과연 무엇인가를 끊임없이 갈망하며 사는 존재입니다. 다윗의 기록을 살펴보면서 하나님을 사모하는 그리스도인들에게 하나님께서는 무엇을 채워주시는 것인지를 생각해보도록 유도(誘導)하고 있습니다.

　-다윗의 시 시편 63편 1절에서 11절까지입니다.
"하나님이여 주는 나의 하나님이시라 내가 간절히 주를 찾되 물이 없어 마르고 황폐한 땅에서 내 영혼이 주를 갈망하며 내 육체가 주를 앙모하나이다 내가 주의 권능과 영광을 보기 위하여 이같이 성소에서 주를 바라보았나이다 주의 인자하심이 생명보다 나으므로 내 입술이 주를 찬양할 것이라 이러므로 나의 평생에 주를 송축하며 주의 이름으로 말미암아 나의 손을 들리이다 골수와 기름진 것을 먹음과 같이 나의 영혼이 만족할 것이라 나의 입이 기쁜 입술로 주를 찬송하되 내가 나의 침상에서 주를 기억하며 새벽에 주의 말씀을 작은 소리로 읊조릴 때에 하오리니 주는 나의 도움이 되셨음이라 내가 주의 날개 그늘에서 즐겁게 부르리이다 나의 영혼이 주를 가까이 따르니 주의 오른손이 나를 붙드시거니와 나의 영혼을 찾아 멸하려 하는 그들은 땅 깊은 곳에 들어가며 칼의 세력에 넘겨져 승냥이의 먹이가 되리이다 왕은 하나님을 즐거워하리니 주께 맹세한 자마다 자랑할 것이나 거짓말하는 자의 입은 막히리로다".

첫째, 목마른 자에게 주시는 생수

다윗은 물이 없어 마르고 곤핍한 광야에서 하나님을 갈망하고 있다고 말하고 있습니다. 목마르다면 샘물을 찾거나 우물을 파야 할텐데, 왜 하나님을 바라보고 있습니까? 하늘에서 갑자기 비가 내리는 기적이나 반석에서 물이 솟았던 기적을 기대하고 있는 것입니까? 아닙니다. 다윗은 바로 광야처럼 곤핍하고 메마를 대로 메마른 자신의 영혼의 곤고함을 느끼고 자신의 영혼을 위한 하나님의 은혜를 바라고 있습니다.

다음 소개하는 항목은 목마른 자에게 공급하는 생수를 말합니다.
   -하나님께서 사모하는 영혼을 만족하게 해주십니다.
   -하나님께서 택한 백성에게 성령의 공급함을 허락하십니다.
   -주님께 나아가는 자는 영원히 목마르지 아니합니다.
   -주님께 관심의 대상은 오묘한 섭리권에 접어듭니다.

둘째, 상한 심령에 주시는 위안

시편 63편은 압살롬의 반역으로 예루살렘을 떠나 피신하여 유다 광야에 숨어 있을 때 다윗이 지은 '기도 시'입니다. 이토록 간절한 마음으로 하나님을 갈망하며 앙모(仰慕)하는 말은 '그리워 존경한다'는 의미입니다. 그의 진실한 신앙뿐 아니라 절박한 처지에서 오는 불안함과 근심이 있었기 때문일 것입니다. 오늘날 우리가 안고 살아가는 수많은 불안과 슬픔, 아픔과 절망의 순간에 그 무엇보다도 주님을 바라보고 그의 은혜를 사모함으로 참된 평안과 안식을 누릴 수 있는 그리스도인들의 삶이 되어야 할 것입니다. 생명보다 귀한 주님의 인자를 경험하는 거룩한 하나님의 사람들로 거듭나야 할 것입니다.

셋째, 사망의 그늘에 앉은 자에게 주시는 생명

다윗은 지금 생명의 위협을 느끼는 상황이었습니다. "나의 영혼을 찾아 멸하려 하는 저희는"(9절)이라고 말합니다. '저희는'의 의미는 적국의 군사들이 아닙니다. 1세대 이스라엘 백성이 낳은 아들이었고 젊은 날을 함께 했던 신하들이었습니다. 또 다윗에 대해 누구보다 잘 알고 있고 목숨을 바쳐 충성하던 군사들이 하루아침에 등을 돌리고 압살롬을 추종하고 있습니다. 바로 그런 말도 안 되는 상황 속에서 사망의 그늘에 앉은 다윗에게 주시는 생명이었습니다.

그와 같은 상황에서 사도 베드로는 마귀가 우는 사자처럼 삼킬 자를 찾아다닌다(벧전5:8)고 말하는 것처럼, 다윗은 자신의 입장이 이와 같다고 합니다. 그래서 그는 하나님을 사모하고 생명을 보존하시고 영원한 하나님의 나라를 구했던 것입니다. 그리고 그의 고백은,

하나_The sovereign of life

　　하나님께서 생명의 주관자가 되심을 굳게 믿었습니다

둘_The protector of life

　　하나님을 사모하는 자의 생명을 든든히 지키심을 믿었습니다.

셋-The provider of eternal life

　　하나님께 소망을 두는 자는 영생을 보장해 준다는 것입니다.

성경적인 자녀 양육의 원리 - ①
Biblical Parenting Principles-1

Column **9**

옛날 중국의 철강성에 사는 부자들은 자녀가 결혼할 때 일생 중 가장 많은 시간 속에 머물 공간인 침대를 특수 제작해서 선물을 했다고 합니다. 침대를 제작할 때 부모가 자녀에게 바라는 인생과 부귀영화 건강 등의 소원을 전문가-역사학자, 철학자, 시인에게 알리면 예술가들이 그에 맞는 문장을 정리하고 화가는 스케치하고 조각가는 조각하고 각종 공예가는 금, 은, 보석을 이용해서 최선의 아름답고 견고한 침대를 제작한다고 합니다. 이로 인해 중국 역사상 가장 아름다운 장식문화가 꽃피운 전성기를 이뤘다고 합니다.

이 침대가 말해주는 메시지는 무엇일까요? 부모의 자식을 향한 사랑의 농도를 말해주는 것입니다. 그러나 그 좋은 침대가 자녀의 영혼까지 쉽게 할 수는 없습니다. 우리 그리스도인 부모들은 비싼 침대는 못 만들어 주더라도 영혼이 편히 쉬는 영적 침대를 제공해 주어야 합니다. 성경적인 자녀양육의 원리에 대하여 시편 128편은 배우자도 자녀도 모두 하나님이 주신 선물이라고 말씀하고 있습니다.

> 여호와를 경외하며 그의 길을 걷는 자마다
> 복이 있도다
> 네가 네 손이 수고한 대로 먹을 것이라
> 네가 복되고 형통하리로다
> 네 집 안방에 있는 네 아내는 결실한
> 포도나무 같으며 네 식탁에 둘러 앉은
> 자식들은 어린 감람나무 같으리로다
> 여호와를 경외하는 자는 이같이 복을 얻으리로다
> 여호와께서 시온에서 네게 복을 주실지어다
> 너는 평생에 예루살렘의 번영을 보며
> 네 자식의 자식을 볼지어다 이스라엘에게
> 평강이 있을지로다
> 이스라엘에게 평강이 있을찌로다

〈Table-2〉 **시편 128편**

첫째, 자녀는 부부에게 위탁한 선물이며 풀어야 할 숙제입니다.
하나님은 사랑과 희생에 대해서 아직 미숙한 여성의 가슴에 모정(母情)을 심어 어머니가 되게 하셨고, 아기를 잉태하여 그 품을 통해 생명과 사랑 전달이 가능케 하셨습니다.

여기서부터 성경적인 자녀의 탄생과 양육의 사명이 시작된 것입니다. 그러므로 자녀 양육의 최우선은 우량(優良) 자녀로 임신하는 것입니다. 우량 자녀 임신을 위하여 부부 간 친밀감을 높여야 합니다. 그 친밀감에 대하여 4가지로 생각해 보면 다음과 같습니다.

　-영적 친밀감(Spiritual Intimacy)으로서 이 덕목은 먼저 하나님과 이루어져야 합니다. 그다음 배우자와 영적 발란스를 경건 되게 유지해야 합니다.
　-지적 친밀감(Intellectual Intimacy)을 위해 서로 성장, 성숙해야 합니다. 가능하면 독서, 세미나 참석 등의 지적 성장의 기회를 함께 만들어서 부부 사이에 지적 고독의 간격을 줄여야 합니다.
　-정서적 친밀감(Emotional Intimacy)입니다. 이것은 마치 기계의 윤활유와 같이 인간관계의 힘든 문제들을 부드럽게 처리할 수가 있습니다. 즉 슬픈 일이 생길 땐 함께 울어주고 기쁜 일도 함께 기뻐하는 내면세계의 소중한 에너지라고 할 수 있습니다.

위의 3가지 친밀감이 상승할 때, 육적 친밀감(Physical Intimacy)이 비로소 고조되어 강력한 사랑의 에너지가 넘치게 됩니다. 그것은 생명 에너지(Life Energy)가 넘치는 것으로서 사랑의 극치를 이룰 때 부부의 몸에서 신비로운 화학작용 등이 발생하게 됩니다. 그 결과, 전인(全人) 건강의 우량 아기가 임신 된다고 합니다. 그러므로 부모로부터 물려받게 되는 신생아기의 기질(Temperament)이 그 아기의 20세까지 강력한 영향을 주고 출생 후 6세까지 부모의 영향 속에서 형성되는 성품(Character)이 평생 70% 영향을 준다고 합니다. 특히 신생아기의 최초의 영향을 끼치는 존재가 어머니이기 때문에 어머니의 영향력이 아이의 전반기 생애에 운명적 존재라고 말들을 하고 있습니다.

　-인간 창조의 섭리 중 자녀양육을 부부 품에 위탁하셨습니다.

창조주 하나님은 에덴 이후 인간 창조의 섭리를 부부 품에 위탁하셔서 자녀를 낳아 키우고 양육하는 사명이 주어진 것입니다. 자녀는 하나님이 주신 복된 선물인 동시에 하나님을 바로 섬기고 이웃을 섬기는 인간 됨이 바른길로 가도록 양육의 사명을 부여받은 것입니다. 그러므로 학교에서 선생님에게 학생이 부여받은 숙제를 잘 감당하는 것처럼, 부모 품에 위탁된 자녀 양육에 대한 숙제를 위탁받은 부모가 잘 이행하는 것이 성경적인 자녀양육의 원리입니다.

현재물음표미래마침표컬럼집

성경적인
자녀 양육의 원리 - ②
Biblical Parenting Principles-2

Column 10

둘째, 기도의 어머니 한나의 자녀 양육입니다.

한나의 한 맺힌 기도의 응답으로 사무엘을 임신하여 철저한 모태교육을 했습니다. 그 자녀교육의 방법을 살펴보면 다음과 같습니다.

-출생 후 젖 뗄 때까지 어머니 품에서 양육 받은 사무엘-당시 이스라엘 아기들은 3살까지 모유(母乳)를 먹고 자라납니다. 아기들은 어머니 가슴의 뜨거운 사랑의 스킨십을 통해 전반기 생애의 가장 소중한 기초적 욕구를 채우면서 건강한 아이로 자랐다고 합니다.

-젖 떨어진 사무엘을 온전히 하나님께 드렸습니다(삼상 1:24).

-어려서부터 하나님 성전에서-하나님 은총 안에서 하나님 섬기는 신앙을 배우며 자랍니다.

-말씀으로 나타나신 하나님을 만난 사무엘-어려서부터 하나님 음성 들으며 자랍니다.

-사무엘은 인생의 분명한 목적을 배우고 성장합니다.

-어려서는 경건 된 어머니 품에서 자라고, 하나님의 성전 여호와 앞에서 자란 후 일평생 하나님의 뜻을 위해 삼직-사사 직, 선지자 직. 제사장 직을 수행하게 됩니다.

-온 국민에게 존경을 받으면서 영적, 정치적 통치로 하나님의 백성 다스림-하나님의 손길이 사무엘과 함께하므로 사무엘이 사는 날 동안은 이스라엘에 평화가 유지되었습니다.

한나의 자녀교육은 기도하며 양육했던 성공적 케이스였습니다. 시대가 지나고 역사가 흘러 인간의 사상, 이념, 가치, 교육은 변해갑니다. 그러나 부모가 자녀를 위하여 기도하는 능력은 더욱 절실하고 효과적으로 실행되어져 왔습니다. 한 어머니로서 좋은 환경을 가진 것도 아니었습니다. 그런데도 한나는 너무나도 간절하고 강력한 기도의 결과로 아들 사무엘을 낳아서 교육하여 신앙이 투철한 민족의 위대한 지도자로 길러냅니다. 사무엘의 성공은 자녀교육의 한 모델로서 가고 오는 부모들에게 너무나 귀한 모범적인 사례를 남겨주었습니다. 기도하면서 양육했기에 훌륭한 결과에 이르게 된 것입니다.

셋째, 오늘 부모 된 자로서 우리의 사명입니다.

-하나님께서 우리 부부에게 자녀들을 선물하셨음을 늘 자각해야 합니다.

-자녀가 자랄 수 있는 기본적인 환경, 가정을 경건 되고 건강한 가정으로 가꾸어 가야 합니다. 그래서 자녀들에게 인생의 기초 욕구

를 충족시켜주므로 후반기 생애를 능력 있게 창조적인 인생을 살아
갈 수 있습니다.

  -현재 우리 사회의 슬픈 현상의 원인을 찾는 것이 필요합니다.

  -정치계, 경제계, 교육계 심지어 종교계까지도 성경적 자녀양육
의 사명에 사는 자는 적고 욕망의 노예화된 자들의 내적인 질환이
외부로 표출된 모습들이 오늘 자녀양육의 모습입니다.

에릭슨(Erik Erikson)의 '히틀러의 전설'이라는 논문에는 히틀러가
세계 2차 대전 주범이지만, 그를 인류의 망나니로 만든 사람은 히틀
러에게 사랑을 주지 않고 폭력으로 상처를 많이 입힌 나머지 증오
(憎惡)의 감정이 끓게 한 히틀러의 아버지가 원흉(元兇)이고, 그 다
음은 히틀러의 부모의 갈등을 지켜보면서 히틀러 어머니를 유혹해
서 가정파탄을 일으킨 이웃집 유대인 남자였습니다. 그 당시 그는
히틀러의 눈에 이마에 개기름이 흐르고 대머리의 능글맞았던 인상
에 대한 히틀러의 증오심을 품은 채 성장해서 유대인들을 더욱 미
워하고 수백만의 살상을 낳게 된 것입니다.

미국의 전 대통령 빌 클린튼의 암울했던 어린 시절의 고백을 정리
해보면 다음 같습니다. ① 모태에 있을 때 아버지가 교통사고로 사
망했습니다. ② 어머니가 재혼했으며, 의붓아버지는 알콜 중독에 자
기 학대증을 지닌 난폭자였습니다. ③ 의붓아버지가 권총으로 엄마
를 두 번씩이나 쏘는 악몽에 시달리기도 했습니다. ④ 자신이 성장
하면서 집 안에 본받을 인물이 없는 것이 가장 슬픈 불행이었다고
했습니다. 그 결과 빌 클린턴은 결손(缺損) 가정에서 자라면서 자신
에게 "나는 건강한 결혼생활을 못할 것이다. 내 인생 목표는 정상적

인 가정에서 건강한 자녀를 키우는 것이지만 모범 가정을 경험하지 못한 나는 가정생활이 파경에 이를 것이다"는 잠재의식에 시달렸다고 고백했습니다.

　-영적, 도덕적 권위를 다시 회복해야 하는 상황을 맞았습니다. 각 가정의 부모는 자녀에게 존경받고 신뢰받는 영적, 도덕적 권위를 회복해 가야 합니다. 부모는 자녀들이 스스로 고민을 언제나 쏟아 놓을 수 있는 상담자(Counselor)로 거듭나야 할 것입니다. 자녀들이 아름답고 경건 된 추억의 마디-여행, 복지시설 방문 등, 을 풍부하게 갖도록 환경을 만들어 주는 것이 중요합니다. 자녀들에게 값이 비싼 잠자리 보다 더 가치 있는 영적인 잠자리를 만들어 믿음의 계승을 이루어야 할 것입니다. 사무엘처럼, 다니엘처럼, 그리고 다윗처럼 어려서부터 하나님의 음성을 듣고 하나님을 섬기며, 하나님께 영광 돌리는 삶을 살아가도록 하나님의 거룩성을 추구하고 하나님을 영화롭게 하는 인생의 목적을 바로 깨우쳐 주어야 할 것입니다.

현재물음표미래마침표컬럼집

모성애(母性愛) 이상의 하나님의 사랑 - ①

Beyond motherhood God's Love-1

Column 11

바벨론에 포로로 끌려간 이스라엘 백성들을 하나님께서 자신들을
버리고 잊었다고 불평하지만, 실상은 그렇지 않고 이스라엘 백성들
을 사랑하시되 자식을 사랑하는 것 이상으로 사랑하시고 잊지 않는
것이 하나님의 모성애(母性愛)의 속성이라고 할 수 있습니다.

이사야 49장 16절은 두 가지 의미를 담고 있습니다. 하나는 여호와
하나님께서 시온의 백성을 손바닥에 새겼다는 것이요. 다른 하나는
그들이 거주하는 예루살렘 성벽을 항상 그 눈에서 떼지 않고 지키
시겠다는 약속의 말씀이기도 합니다. 그리고 이스라엘이 먼 나라 바
벨론에 포로로 고통을 받는 중에서 속히 이스라엘 본토(本土)로 돌
아오게 하시는 것입니다. 이렇게 하나님께서는 그 사랑하시는 백성

들을 한 결같이 지키시고 잊지 않고 기억해주고 계십니다. 하나님께서 당신의 백성들을 어떻게 사랑하시고 지켜주는가를 살펴보는 것이 믿음의 삶에 유익할 것입니다.

첫째, 하나님은 자기 백성을 모성애 이상으로 사랑하십니다. 이사야 49장 15절에서, "여인이 어찌 그 젖 먹는 자식을 잊겠으며 자기 태에서 난 아들을 긍휼히 여기지 않겠느냐 그들은 혹시 잊을지라도 나는 너를 잊지 아니하리라 할것이라"고 말씀하셨습니다.

어버이의 사랑은 하늘보다 높고 바다보다 깊다는 말씀처럼, 참으로 어머니가 자녀를 임신하여 아이를 낳기까지 얼마나 많은 고생과 괴로움을 견뎌갑니까? 해산(解産)의 고통을 통하여 아이를 낳고나면 몸에 그 흔적이 남아 있어 그렇게 깨끗하고 곱던 살결에 흠이 생기고 건강도 그만큼 약해집니다(산후조리를 잘못하면 평생토록 고생함). 그래도 그 어머니는 아기를 낳은 기쁨과 보람으로 모든 해산의 고통을 다 잊어버리고 아기를 사랑하게 됩니다.

아기를 키우는 동안에도 진자리 마른자리 갈아 누이며 있는 정성을 다해서 보호하고 키웁니다. 그리고 아이가 감기나 몸살을 앓아도 아이가 아픈 것보다 차라리 어머니 자신이 아프기를 자처하는 마음이 어버이의 사랑이라고 합니다.

그러나 어머니의 자식에 대한 사랑, 그 모성애보다도 더 큰 사랑이 있으니 인간에 대한 하나님의 사랑입니다. 어머니의 사랑이 크다고는 하나 자식이 죽는 것을 대신 죽어 줄 수 없고, 위급한 순간을 당하게 되면 혹 자식도 잊어버릴 때가 있게 됩니다. 그렇게 사랑하던 자식이라도 자식이 방탕하게 살고 못된 짓을 계속하게 되면 자식도 귀찮아지게 되고 원망과 미움이 생기기도 합니다(이런 자식을 애물단지라고 합니다).

하나님의 사랑은 영원한 멸망에 처한 인류를 위하여 성육신하여 이 세상에 오시고 인류구원을 위하여 십자가에 못 박혀 죽어 주시고 우리 그리스도인을 하나님의 자녀되게 하셨습니다. 이런 하나님의 사랑은 순간적이나 일시적이 아닙니다. 언제나 한결같습니다.

말라기 3:6절에서, "나 여호와는 변하지 아니하나니 그러므로 야곱의 자손들아 너희가 소멸되지 아니하느니라".
히브리서 13:8절에 "예수 그리스도는 어제나 오늘이나 영원토록 동일하시니라"고 했습니다.

우리가 찬송 270장으로 찬양으로 예배하면서 하나님께 영광을 돌려 드려야 할 것입니다. "변찮는 주님의 사랑과 거룩한 보혈의 공로를 우리다 찬양을 합시다 주님을 만나볼 때까지"라고 하는 고백적인 찬양을 보더라도 그 모성애 사랑 이상으로 우리를 진정으로 사랑하신다는 증거를 확실하게 알 수 있습니다.

둘째, 하나님의 사랑은 모든 것 다 주고 더 주기를 기뻐하는 것이 하나님의 사랑입니다.
창세기 1장 26절부터 30절까지, 하나님께서는 천지 만물을 다 인간들에게 주셔서 정복하게 하시고 다스리게 하시고 필요를 따라서 사용하게 하여 주셨습니다. 그리고 인류를 죄와 사망에서 구원하시기 위해서 독생자까지 아낌없이 세상에 보내주시고 그 구속함을 더 기뻐하신 분이 하나님 아버지이십니다.

로마서 5장 8절에서, "우리가 아직 죄인 되었을 때에 그리스도께서 우리를 위하여 죽으심으로 하나님께서 우리에 대한 사랑을 확증하셨느니라"고 말씀하셨습니다.

요한일서 2장 2절에서, "그는 우리를 위한 화목제물(和睦祭物)이니 우리만 위할 뿐 아니요 온 세상의 죄를 위하심이라"고 했습니다.

빌립보서 2장 5절 8절에서, "너희 안에 이 마음을 품으라 곧 예수의 마음이니 그는 근본 하나님의 본체(本體)이시나 하나님과 동등됨을 취할 것으로 여기지 아니하시고 오히려 자기를 비어 종의 형체를 가지사 사람들과 같이 되셨고 사람의 모양으로 나타나사 자기를 낮추시고 죽기까지 복종하셨으니 곧 십자가에 죽으심이라"고 했습니다.

이 모든 사실을 생각해 보면 모성애보다 더 큰 사랑은 하나님의 사랑이라고 분명하게 나타나고 있습니다, 우리 하나님의 사랑은 베푸시고 무조건 주시는 사랑입니다, 희생적인 사랑입니다, 변함없는 사랑입니다. 무조건적인 사랑입니다. 이러한 사랑을 아가페(Agape) 사랑이라고 합니다. 이러한 하나님의 사랑을 받은 우리 그리스도인은 나가서 이 사랑을 몸소 실천하는 삶을 살아야 합니다.

요한복음 13장 34절, 35절에서, "새 계명을 너희에게 주노니 서로 사랑하라 내가 너희를 사랑한 것 같이 너희도 서로 사랑하라 너희가 서로 사랑하면 이로써 모든 사람이 너희가 내 제자인줄 알리라"

고 했습니다.

우리가 서로 사랑하면 이로써 모든 사람이 예수님의 제자인 줄 알리라고 하였으니 예수 믿는 사람은 서로 사랑해야 하고 이렇게 할 때 모든 사람이 우리를 예수 믿는 사람인 것을 알게 된다는 것입니다. 그러므로 우리가 하나님의 사랑을 알고 그 사랑을 몸소 실천해야 마땅한 온전하고 건강한 그리스도인의 삶이 아니겠습니까?

현재 물음표 미래 마침표 컬럼집

모성애(母性愛) 이상의
하나님의 사랑 - ②

Beyond motherhood God's Love-2

Column 12

셋째, 품을 떠난 자식 돌아오기를 기다리고 불러주시는 것이
　　하나님 사랑이십니다.

사랑이 풍성하신 하나님께서는 하나님의 품을 떠나서 자행자재(自行自在)하는 심령이 회개하고 돌아오기를 고대하고 기다리고 불러주십니다. 찬송가 527장 2절 하반절에 "나간 자식 돌아오기만 밤새 기다리신다오"라고 우리를 부르시는 하나님을 찬양하고 있습니다.

누가복음 15장 11부터 32절까지, 탕자의 비유 가운데 지기에게 돌아올 몫(분깃)을 아버지에게 간청하여 받아가지고 아버지의 품을 떠나 먼 나라에 가서 허랑방탕한 끝에 재산을 다 탕진한 후, 그 나라에 흉년이 들어 궁핍하게 되었고, 그곳에서 어떤 사람에게 붙어사니 그 사람이 들로 보내어 돼지를 치게 하였는데, 먹을 것을 풍족하게 주지 않아 돼지가 먹는 음식으로 배를 채우고자 하되 그것도 풍족히 주지 않아서 굶어 죽게 되었고, 비로써 아버지의 집으로 돌아와 품군으로 라도 써 달라고 결심하고 아버지 집으로 돌아올 때, 그의 아버지가 나간 자식 돌아오기만 기다리다가 거지가 되어서 돌아온 아들을 기쁨으로 영접하고 몸을 씻기고 제일 좋은 옷을 입히고 손에 가락지를 끼워주고 송아지를 잡고 잔치를 베풀었습니다.

이로써 하나님의 품을 떠난 심령이 회개하고 돌아오기만 하면 하나님 아버지께서는 기쁨으로 영접해주시고 하나님 자녀의 명분을 갖게 해주신다는 하나님의 사랑을 깨닫게 해주십니다.

예레미야 4장 1절, 2절에서, "여호와께서 이르시되 이스라엘아 네가 돌아오려거든 내게로 돌아오라 네가 만일 나의 목전에서 가증한 것을 버리고 네가 흔들리지 아니하며 진실과 정의와 공의로 여호와의 삶을 두고 맹세하면 나라들이 나로 말미암아 스스로 복을 빌며 나로 말미암아 자랑하리라"고 말씀하셨습니다. 이같이 하나님께서는 지금 이 순간도 쉬지 않고 이스라엘 백성들이 하나님의 품으로 돌아오기를 기다리고 불러주신다는 것입니다.

요엘서 2장 12절, 13절에서, "여호와의 말씀에 너희는 이제라도 금식하며 울며 애통하고 마음을 다하여 내게로 돌아오라 하셨나니 너희는 옷을 찢지 말며 마음을 찢고 너희 하나님 여호와께로 돌아오라 그는 은혜로우시며 자비로우시며 노하기를 더디 하시며 인애가 크시사 뜻을 돌이켜 재앙을 내리지 아니하시나니"라고 했습니다.

이스라엘 백성이 하나님의 품을 떠나 멋대로 살던 심령이 회개하고 돌아오면 영접하여 주신다고 했습니다. 우리 주님께서는 아무도 멸망치 않고 다 회개하고 하나님께 돌아와서 구원받기를 원하십니다.

베드로후서 3장 9절에서, "주의 약속은 어떤 이들이 더디다고 생각하는 것 같이 더딘 것이 아니라 오직 주께서는 너희를 대하여 오래 참으사 아무도 멸망하지 아니하고 다 회개하기에 이르기를 원하시느니라"고 했습니다.

아직도 우리의 사랑하는 부모, 형제, 일가친척 가까운 사람 중에서 구원받지 못한 사람이 있다면 전도하여 구원받게 해야 합니다. 언제까지 우리 주님께서 기다려주시기만 하겠습니까?. 정한 때가 되면 주님께서 약속대로 심판의 주님으로 이 세상에 다시 오시고 선악간에 심판을 하신다는 것입니다.

마태복음 24장 4절부터 44절까지, 말세의 징조에 대해서 예수님께서 말씀하여 주셨습니다. 적그리스도, 거짓선지자 출현, 난리와 난리의 소문, 각처에 지진과 기근이 있을 것을 예고하여 주셨습니다.

베드로후서 3장 10절, 11절에서, "그러나 주의 날이 도둑 같이 오리니 그 날에는 하늘이 큰 소리로 떠나가고 물질이 뜨거운 불에 풀어지고 땅과 그 중에 있는 모든 일이 드러나리로다 이 모든 것이 이렇게 풀어지리니 너희가 어떠한 사람이 되어야 마땅하냐 거룩한 행실과 경건함으로"라고 말씀하고 있습니다.

하나님의 심판의 날에 우리가 주님 앞에 설 때 어떠한 사람이 되어야 하겠습니까? 우리의 현실의 신앙생활을 점검해 보아야 할 것입니다. 예배생활, 기도생활, 봉사생활, 복음전도 생활, 그리고 주일성수를 잘하고 있는가?를 사려깊게 살피고, 잘못하고 있다면 회개하고 고쳐야 합니다. 바르게 살아야 합니다. 정상적인 신앙생활을 이뤄야 할 것입니다.

우리 주님의 마음에 드는 그리스도인이 되어 그분이 원하시는 성도의 생활이 되어야 합니다. 세상 사람들에게 본이 되고 빛이 되어야 합니다. 만약 그렇지 못하다면 정신을 차릴 때가 되었습니다. 신앙에 잠에서 깨어 일어날 때가 되었습니다.

베드로전서 4장 7절에서, "만물의 마지막이 가까이 왔으니 그러므로 너희는 정신을 차리고 근신하여 기도하라"고 말씀합니다.
로마서 13장 11절에서, "또한 너희가 이 시기를 알거니와 자다가 깰 때가 벌써 되었으니 이는 이제 우리의 구원이 처음 믿을 때보다 가까웠음이라"고 했습니다.

언제나 우리를 잊지 않고 기억해주시고 품 안에 보호해주시고 길 잃고 방황할 때 불러주시고 찾아주시는 그리고 우리를 위해서 희생적인 사랑으로 구원하여주시는 모성애(母性愛) 보다도 더 큰 하나님의 사랑을 감사하고 이 사랑을 우리가 받았으니 우리도 몸소 실천하는 삶을 살아야 하겠습니다.

Present_Question_Future_Period_Columns

현재 물음표 미래 마침표 컬럼집

그리스도인의 삶의
우선순위 - ①

Priorities of Christian Lives-1

Column 13

한국인에게 '추석 명절'은 중추절(仲秋節) 가배(嘉俳) 가위, '한가위' 라고도 합니다. 유래는 신라시대에 부녀자들이 두 패로 나누어서 7 월 16일부터 밤늦은 시간까지 길쌈을 메고, 8월 15일에 그 결과를 심사하여 승부를 내어 진편이 이긴편 사람에게 음식을 만들어 대접 하면서 잔치를 벌인데서 비롯되었습니다. 한 달에 한 번씩 만월(滿 月)이 있어 어두움을 밝혀주는데 1년에 제일 달이 크고 밝은 때가 8월 15일이므로 이날을 큰 명절로 정하였고 만월 아래서 축제를 벌 이고 햇곡식으로 만든 음식을 먹으면서 만월 아래서 춤을 추며, 그 외 줄다리기, 씨름, 소싸움 등을 벌였으며, 이 계기를 통해 강강술래 등의 노래가 전래(傳來)되기 시작했습니다.

고대사회(古代社會)에서는 만월(滿月)을 갈망하고 숭상(崇尙)하던 시대였습니다. 일 년 중에서 가장 달이 밝은 한가위는 우리 한민족이 최대의 축제로 여겨지게 되었습니다. 그 후에 의식화되어 명절로 제정하고 민족적으로 지내게 된 것입니다. 해마다 추석 명절을 크게 쉬면서 부모형제 일가친척이 한자리에 모여서 정을 나누면서 즐거워합니다. 그리스도인들은 명절을 주시고 기쁨과 즐거움으로 명절을 맞이하게 해주신 하나님 앞에 먼저 중추절에 대한 감사의 예배를 드려야 할 것입니다. 이때 잘못하면 대부분 사람이 명절을 맞이한 기분과 그 분위기 속에 빠져서 음식을 나눠 먹거나 사람을 만나는 일에만 집중하다가 하나님의 은혜도 잊어버리고 하나님께 드리는 예배도 등한히 하는 경우가 많이 있었음을 경계해야 할 것입니다.

'그리스도인의 삶의 우선순위'라는 주제는 하나님께서 언제나 우리의 신앙의 삶 속에서 원하고 계시다는 점을 기억해야 할 것입니다. 사람은 누구를 막론하고 삶의 우선순위가 바뀌면 그 자제적인 삶도 바뀌는 것입니다. 그러므로 함부로 우선순위를 바꾸거나 인식을 교체하면 불협화음이 나타나게 됩니다. 무슨 일이든지 올바른 과정과 순서가 있습니다. 이순서가 바로 정립될 때 모든 일이 질서 있게 유지되고 순탄하게 보낼 수 있습니다.

예수 그리스도께서 다음과 같이 말씀하고 있다는 사실은 우리 그리스도의 우선순위에 대한 각성을 새롭게 해주고 있습니다.
마태복음 6장 33절에서, "그런즉 너희는 먼저 그의 나라와 그의 의를 구하라 그리하면 이 모든 것을 너희에게 더하시리라"고 하셨습니다.

대다수 사람이 의식주(衣食住) 문제, 즉 먹고, 입고, 쓰는 문제로 말미암아 염려하고 걱정하고 그 문제 해결을 위하여 몰두하고 생(生)의 전부를 투자합니다. 물론 사람이 이런 문제를 위하여 일하지 아니할 수 없습니다. 사람은 근로정신을 가지고 열심히 일하는 사람이 되는 것을 성경은 요구하고 있습니다. 하나님께서도 사람에게 있어서 의식주 문제 해결을 위하여 이 모든 것이 있어야 할 줄을 알고 계신다고 마태복음 6:32절에서 예수님께서 말씀하셨습니다.

그러므로 먼저 하나님을 믿고 섬기며, 하나님의 나라와 그의 의를 구하면 이 모든 것을 더하여 주신다고 약속하신 것입니다. 범사에 일은 하나님이 함께하시고 축복해주셔야 하는 것은 성경에서 말하는 확실한 교훈입니다. 아무리 사람이 어떤 일이든지 능력있게 잘 처리한다고 해도, 거기에 하나님이 함께하지 않고 축복하지 않으면 인간의 힘만으로는 인생을 성공적으로 살아갈 수 없습니다.

범사는 하나님이 함께하시고 역사하시고 그리고 축복해주셔야 우리의 삶 속에서 올바른 우선순위를 유지하면서 존재할 수 있습니다. 이러한 하나님의 축복을 받기 위해서는 하나님을 믿고 의지할 뿐만 아니라 삶의 우선순위를 먼저 하나님 앞에서 정하고 하나님 중심에서의 삶이 이루어져야 할 것입니다. 그래서 성경 말씀에는 제일 먼저 '하나님을 공경하라'고 요구하고 계십니다.

잠언 3장 9절, 10절에서, "네 재물과 네 소산물의 처음 익은 열매로 여호와를 공경하라 그리하면 네 창고가 가득히 차고 네 포도즙 틀에 새 포도즙이 넘치리라"고 하셨습니다. 그리스도인이 삶의 과정에서 소득이 있을 때, 그 과정에서 은혜와 역사를 베푸셨던 하나님께 감사하고 그의 것을 구별하여 드리는 것이 온전히 하나님을 섬기는 것이 됩니다. 이러한 우선순위를 근거하여 하나님을 믿는 그리스도 인으로서 마땅히 행하는 우선순위인 것입니다.

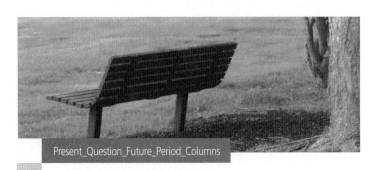

현
재
물
음
표
미
래
마
침
표
컬
럼
집

그리스도인의 삶의
우선순위 - ②
Priorities of Christian Lives-2

Column 14

우리에게 주어진 시간과 날(日)도 첫날을 '하나님의 날'(The day of God)로 정하여 드리고, 하나님의 뜻대로 삶을 유지하는 것이면 얼마나 멋진 그리스도인입니까? 1년 중에 첫날 1월 1일 첫 시간에 하나님 앞에 '신년감사예배'를 드리고 새해를 시작합니다. 이것은 우선순위를 하나님께 정하고 먼저 하나님을 섬기는 성도들의 바른 자세라고 할 수 있습니다. 한 주간(7일) 중에도 첫날인 주일을 우리가 하나님을 섬기며 예배하는 것도 예수 그리스도께서 부활하신 날을 기념하고 지키는데 의의(義意)를 두고 있습니다. 이 또한 하나님을 섬기는 우선순위를 지키는 믿음의 삶이 되는 것이기도 합니다.

그러므로 그리스도인(성도)은 주일을 온전히 성수(聖守)하여야 합니다. 주일(구약시대에는 안식일, 신약시대에는 주일)을 온전히 지키는 것은 하나님의 명령이요 일주일 중에 첫날을 드리므로 삶의 우선순위를 하나님께 정하여 지키는 것이 되기도 합니다. 우리 그리스도인(성도)은 주일을 잘 지켜야 할 것입니다. 하나님을 섬기고 하나님께 영광을 돌림과 동시에 주일성수의 그릇을 준비하므로 하나님의 크신 은혜와 축복을 받게 되는 것입니다.

'주일 날'(Lord's Day)은 하나님께서 거룩하고 복된 날로 정하셨다고 말씀하였습니다. 출애굽기 20:8-11절에서, "… 나 여호와가 안식일을 복되게 하여 그날을 거룩하게 하셨느니라"라고 기록되었으며, 이사야 58장 13절, 14절에서, "안식일을 거룩히 지키는 자에게는 여호와의 안에서 즐거움을 얻고, 땅에 높은 곳에 올리고 야곱의 업으로 기리라"고 하셨습니다.

'주일 성수'(主日聖守)를 잘 할 수 있는 비결은 무엇입니까? 하나는, 주님의 날을 기억하고 거룩히 지켜야 합니다(출20:8, 사56:2). 다음, 엿새 동안 힘써 모든 일을 하므로 주일을 지킬 준비가 되어야 합니다(출20:9, 레위기23:3).

구약에서는 주일의 개념을 안식일에서 찾을 수 있습니다. 즉 오늘의 주일은 일주일 중에서 첫날입니다. 우리가 하나님께 받은 날 중에서 첫날을 드리고 하나님께 영광을 돌려야 마땅합니다. 우리의 삶의 우선순위를 하나님께 정하고 일주일 중에 첫날을 하나님께 드리고 이 날을 지키면 하나님께서 베푸시는 무한한 축복을 받는 것입니다.

인생의 삶은 매일이 귀한 하나님의 선물입니다. 그러므로 하나님께서 주신 날들을 최대한으로 선용(善用)해서 살아야 합니다. 하나님의 자녀요, 하나님의 일을 맡은 청지기로서의 성도들이라면, 시간에 대해서 새롭게 그리고 깊이 있게 인식할 필요가 있습니다.

우리 그리스도인이 필요로 하는 중에 가장 절실한 표현은 '시간은 생명이다'(Time is Life)라는 말입니다. 잃은 생명을 다시 찾을 수 없음 같이, 잃은 시간도 다시 찾을 수 없습니다. 시간은 있으나 남에게 빌려줄 수 없습니다. 만일 빌려준다면 그 결과는 자신을 낭비하며 생명을 중단시키는 결과에 이르게 됩니다. 그러므로 성도들은 시간을 적절하게, 보람 있고 값있게 사용하는 인생을 살아야 할 것입니다. 만일 우리에게 분배된 시간에 무가치한 것으로 채운다면 그 결과는 영원히 무가치할 것입니다. 그러나 시간 속에 영원한 가치를 채운다면 그 가치는 나의 생명을 영원히 가치 있게 할 것이 분명합니다.

주일을 성수하는 수단은 시간에 대하여 선용하는 것입니다. 시간도 첫 시간을 하나님께 드리고 하나님께 영광을 돌려야 합니다. 하루 24시간 하나님께 부여받은 시간 중에서 첫 시간을 하나님께 드리는 것이 하루에 일과를 하나님께 맡기는 생활이 되고 하나님 우선주의 삶이 되는 것입니다. 하루 24시간 중에서 첫 시간은 01시부터라 하겠지만, 하루의 일과를 시작하기 전 시간을 말한다면 매일 새벽시간에 하나님 앞에 나와서 일과를 시작하기 전 새벽예배를 드리므로 하나님께 영광 돌리고 삶의 우선순위를 하나님께 정하는 것입니다.

인생의 남은 생을 살아갈 때, 우리 각자의 삶의 계획안에 새벽예배, 주일성수, 기도생활을 정하고 실천화 습관화 행동화로 발전해야 합니다. 그리스도인은 하나님 우선주의의 생활을 수행해야 합니다.

우리가 신실한 믿음 생활을 통하여 하나님을 기쁘시게 하여 영적인 능력이 충만해지면, 세상에 악한 불신앙의 세력을 이기고 악한 마귀의 유혹을 이기고 승리하는 그리스도인(성도)이 되는 것입니다. 비록 그리스도인이 나약한 존재라 해도 한 사람이 백을 혹은 천을 만을 능가할 수 있는 신앙의 사람들이 될 때, 아무리 나약한 그리스도인이라 해도 믿음으로 잘 무장 되어 있다면 기적을 창출(創出)해 낼 수 있습니다.

존 낙스는 말하기를 "기도하는 한 사람은 기도하지 않는 한 민족보다 강하다"라고 했습니다. 우리의 일상생활 과정에서 범사를 믿음으로 행하고 삶의 전부를 하나님께 맡기고 하나님의 뜻을 따라서 살아야 하겠습니다. 우리의 남은 생을 살아갈 때, 삶의 우선순위를 하나님께 정하고 하나님 중심에서의 삶을 살아가야 합니다. 이것이 하나님을 믿고 섬기는 그리스도인의 마땅한 본분(本分)입니다. 삶의 우선순위가 바뀌지 않도록, 그 질서가 무너지지 않도록 우리의 삶에서 우선순위를 최선을 다해 수행해 가야 할 것입니다.

현재물음표미래마침표컬럼집

성경이 권하는
행복의 조건 - ①
Bible Conditions of Happiness-1

Column 15

대부분 어떤 세미나에서 그 모임에 참석하는 사람들이 주로 선호하는 주제가 '행복'이라는 주제일 것입니다. 행복한 조건이 딸려오는 케이스는 여러 가지가 있지만, 하나, 할 일이 있다는 것이 행복하다고 했습니다. 남을 돕는 일, 의미 있는 일이 이 세상에는 너무도 많습니다. 일하는 재미가 있어야 행복해집니다. 땀 흘려 일하는 것도 육체적으론 힘들다지만 이런 경우도 행복합니다. 둘, 사랑할 대상이 있는 자가 행복한 사람입니다. 배우자가 있고 친구가 있고 자식이 있어서 허심탄회하게 이야기를 나눌 수 있는 사람이 행복한 사람입니다. 셋, 기다릴 것이 있는 사람이 행복한 사람입니다. 군인들은 휴가를 기다릴 때가 행복하다고 합니다. 학생은 시험을 잘 치루고 합격했을 때가 행복하다고 합니다. 청년은 평강공주와 백마 탄 왕자를 기다릴 때가 행복하다고 합니다. 그리고 병원에 입원한 환자는 건강하다고 진단받고 퇴원의 날을 기다릴 때가 행복하다고 합니다.

3_1 '사명이 있는 자는 행복하다'고 합니다.
하나님의 백성인 그리스도인에겐 하나님께서 여러 가지 할 일을 맡기셨습니다. 즉 사명을 주셨는데, 사명이 있는 자는 언제나 부지런하며 일거리로 충만합니다.

로마서 12장 11절부터 13절에서, "부지런하여 게으르지 말고 열심을 품고 주를 섬기라. 소망 중에 즐거워하며 환난 중에 참으며 기도에 항상 힘쓰며 성도들의 쓸 것을 공급하며 손 대접하기를 힘쓰라"고 말씀합니다.

-그러므로 부지런해야 합니다.
하나님의 각양 은사를 맡은 그리스도인은 받은 은사에 합당한 생활을 해야 하면 게을러선 안 되며 부지런해야 합니다. 하나님의 역사는 부지런한 사람을 통해서 드러나기 때문입니다. 부지런한 자를 하나님은 알고 계십니다. 하나님께서 새벽에 도우시리란 말은 새벽 일찍부터 주를 섬기며 분주히 움직이는 자에게 축복하신다는 하나님의 약속입니다. 일거리가 있는 자는 항상 부지런히 그리고 열심히 일하지 않을 수 없습니다.

미국 백화점 왕 와나 메이커는 "나는 일하기 위하여 태어났다. 나는 일을 할 수 있는 사람이라고 자각한 인생은 행복한 인생이다"라고 했습니다. 부지런한 사람은 꿈이 많습니다. 소망이 눈앞에 보입니다.

그래서 일거리를 많이 만들어 내는 그리스도인이 되어 하나님께 복 받는 사람입니다. 새벽에 일어나는 민족은 결코 망하지 않습니다. 특히 하나님의 백성은 세상 사람들 보다 부지런해야 합니다. 일거리가 넘쳐서 하루종일 일할 수 있음을 행복하다고 생각해야 합니다.

　－다음은 사명을 잘 감당하는 것입니다.
천국 시민으로서 신앙에 승리해야 하고 땅에서도 열심히 일하여 성공하는 사람이 되어야 합니다. 그리고 천국시민의 사명 중 최고 사명은 예수님의 지상 명령인 전도하는 일입니다.

〈Table-3〉 **주님의 마지막 지상 명령**

제자 삼으라
세례를 베풀라
가르치라
지키게 하라
믿고 따르라
마태복음28-19-20

"…지혜 있는 자는 궁창의 빛과 같이 빛날 것이요 많은 사람을 옳은 대로 돌아오게 한 자는 별과 같이 영원토록 빛나리라"
(단 12 : 3)

마태복음 28장 19절, 20절을 통한, 모든 족속으로 제자 삼고 삼위 하나님의 이름으로 세례를 베풀고 주님께서 분부한 모든 것을 가르쳐 지키게 하는 것이며, 주님께서 세상 끝날까지 우리 그리스도인과 항상 함께 있음을 믿고 따르는 것입니다. 하나님께서는 전도하는 사람과 함께 하시겠다고 약속하셨습니다. 지상에서 우리가 돈 버는 사업 다음으로 중요한 것은 복음 전하는 전도입니다. 즉 전도가 성도의 주업(主業)이 되고 개인의 사업이 차선(次善)이 되는 것은 영적으로 엄청난 축복입니다.

천국 시민으로서의 성도의 최고의 일은 영혼을 건지는 전도입니다. 장차 우리가 하나님 나라에 가서 받을 보상의 근거는 전도한 생명의 숫자에서 찾을 것입니다.

다니엘 12장 3절에서, "…지혜 있는 자는 궁창의 빛과 같이 빛날 것이요 많은 사람을 옳은 대로 돌아오게 한 자는 별과 같이 영원토록 빛나리라". 하나님께서 부여하신 사명을 잘 감당하면 별처럼 영원하게 비쳐질 것이라는 약속을 믿고 최선을 다해야 할 것입니다.

　3_2 '사랑의 열매를 맺는 인생'이 행복하다고 합니다.
　-사랑의 열매를 맺는 일에서 원수까지 사랑하는 것입니다.
요한일서 4장 19절에서, 그리스도인으로서 우리가 사랑함은 예수님께서 먼저 우리를 사랑하셨다고 했습니다. 이 땅에는 버림 받고 길을 잃어버린 사람들이 수없이 많습니다. 하나님께서는 그들을 찾아서 복음을 전하고 사랑해 줄 사명자가 바로 '우리 그리스도인'(our Christians)이라고 말씀합니다. 그래서 믿음의 사람들은 항상 바쁩니다. 세상 사람들처럼 사랑할 수 있는 자만 사랑하는 것이 아닙니다. 예수님께서는 원수까지 사랑하라고 말씀하셨습니다.
아브라함 링컨도 "남과 비교하는 성격을 갖지 말고 항상 친구를 사랑하고, 진리를 사랑하고, 덕을 사랑하라 그리하면 그대의 일생은 행복하게 되리라"고 했습니다.

　3_3 사랑의 열매를 맺는 일에서 사랑의 능력에 지배받으십시오.
러시아의 대문호 톨스토이는 "인간은 사랑함으로 살아가는 존재이다"라고 했습니다. 톨스토이가 어느 날 여행에서 돌아오는 길에 거지를 만났습니다. 그 거지는 톨스토이에게 돈을 받기를 원했습니다. 그러나 톨스토이는 돈이 없었습니다, 그리고 미안해서 오히려 거지의 손을 잡고 악수를 했더니 그 거지가 하는 말이 "선생님께 돈을 받는 것 보다 이렇게 손을 잡아주시니 기분이 더 좋다"고 하면서 기뻐했다고 했습니다. 이처럼 사랑하는 사람은 어떤 환경에서도 행복하다는 것을 우리 그리스도인 삶 주변에서 증거하고 있습니다.

성경이 권하는
행복의 조건 - ②

Bible Conditions of Happiness-2

Column 16

하나님께서는 우리와 하나 되어 사랑하시기 위해서 외아들 예수 그리스도를 우리의 죄 값을 지불하는데 희생제물이 되게 하여 죄로 죽었던 우리를 다시 살려서 하나님과 교제하도록 큰 은혜를 베풀어 주셨습니다. 우리는 이제 하나님과 원수 된 이 세상 만민을 하나님의 사랑으로 사랑해서 그들에게 복음을 전하여 하나님의 놀라운 사랑을 느끼도록 만들어 주어야 합니다. 우리가 사랑하지 못할 만큼 흉악한 죄인은 더이상 우리에게는 없습니다. 그러므로 화평케 할 수 있는 믿음과 힘을 가진 사람은 언제나 행복한 존재입니다. 거기서 사랑의 힘이 솟구쳐 나옵니다.

모 일간지에 난 기사를 소개하자면, 강남의 부유한 최고 학군의 학교에 다니는 고등학교 2학년 학생이 있었습니다. 그의 아버지는 외아들이라 끔찍이 아끼며 여느 아버지들처럼 애지중지하며 아들을 양육했습니다. 어느 날 미국에 출장을 간 아버지가 호텔에서 짐을 채 풀기도 전에 한국으로부터 가슴을 찢는 전화를 받게 되었습니다. 외아들이 동료 깡패 학생들에게 돈을 주지 않는다고 심하게 맞아 죽었다는 비보(悲報)였습니다. 그 소식을 듣는 순간 치밀어 오르는 울분에 손이 떨리고 이성으로 대처할 수 없었습니다. 그들을 미워하는 마음이 극에 달했습니다. "이놈들을 그냥 두지 않으리라 만나는 즉시 도끼로 죽여야지. 어떻게 키운 아들인데…, 내 아들을 때려죽여…?" 기가 막혀 말을 할 수가 없었습니다. 급히 돌아오는 비행기 속에서 그놈들을 어떻게 처리할까? 여러 각도로 최고의 고통을 줄 수십 가지 방법을 찾았습니다. 비행기 시간이 왜 그리도 긴지…, 10시간이 10년 같은 비행시간 끝에 드디어 공항에 내린 아버지의 얼굴은 심히 굳어져 살인자 형상으로 바뀌어 있었습니다.

공항에서 아들의 장례식장으로 가는 순간, 갑자기 자기 아들을 죽인 그 아이들의 아버지 처지를 생각하게 되었습니다. 자신도 모르게 깊은 생각에 잠기면서 한순간 성경이 말씀하신 '그리스도의 사랑'이라는 단어가 생각났습니다. 불끈 쥐었던 주먹이 펴지며 험상 굳고 무섭게 변해버린 그 아버지의 얼굴이 환해져 갔습니다. 장례식장에는 죽은 아이의 아버지가 온다는 소식에 아들을 죽인 부모들이 부들부들 떨고 있었습니다. 드디어 마주쳤습니다. 그들은 죽은 아이의 아버지를 만나는 순간 죽을 죄를 저질렀다며 무릎을 꿇고 빌기 시작했습니다. 그때 죽은 아이 아버지도 똑같이 무릎을 꿇고 하염없이 흐느끼고 있었습니다. 염치없지만 용서해 달라는 간곡한 부탁을 그대로 받아들였고, 결국 그들을 용서했을 뿐 아니라 그 아버지들과 의형제를 맺고 보험금과 보상금 모두를 그 학교에 장학금으로 출연했습니다. 이 세상에서 있을 수 없을 일들을 '찬란한 용서'로 마무리했던 것입니다.

사랑하십시오. 사랑은 살인죄도 용서할 수 있게 만드는 능력이 있습니다. 그들은 지금 행복하게 살고 있습니다. 이처럼 사랑은 인생을 궁극적으로 행복하게 만들어 줍니다. 한없이 사랑하시기 바랍니다. 부모를 사랑해야 합니다. 남편과 아내를, 형제자매를, 친구를 사랑하십시오. 종내(終乃)는 원수까지 사랑해야 합니다.

3_3 '희망을 가지고 사는 삶'이 행복하다고 합니다.
인생은 희망 없이는 행복한 삶을 살아갈 수 없습니다. 희망 없이 생을 유지한다는 것은 삶을 의미 없이 끝내겠다는 것과 같습니다. 희망이 없다는 것은 곧 지옥을 의미합니다. 단테의 '신곡'에 보면 지옥 입구 위에 새겨진 팻말에 "여기에 들어오는 자는 희망을 버려라!" 지옥에는 희망이 필요 없습니다.

-희망을 가지고 사는 삶으로서 희망의 덕목을 키우십시오.
영국의 정치가이자 소설가였던 디즈레일리가 말했습니다. "희망을 가지고 사물을 보고 항상 희망을 잃지 않는 습관을 만드는 것은 우리 자신을 유익되게 할 뿐 아니라 주변 사람들에게 생기를 주고 강장제(强壯劑)가 되어 그들에게까지 이익을 주는 일입니다"라고 했습니다. 그렇습니다. 희망을 발견한 사람은 기다리게 됩니다. 기다림이 있는 사람은 참으로 행복한 사람입니다. 희망의 덕목을 더욱더 키우고 성장시켜야 합니다.

　-희망을 가지고 사는 삶으로서 희망을 붙잡고 놓지 마십시오. 프랑스 국민이 가장 사랑하는 소설 '레미제라블'과 '파리의 노트르담'을 저술했던 세계적 명성을 얻은 프랑스 국민작가였던 빅토르위고입니다. 그는 '씨 뿌리는 계절'에 이렇게 말합니다. "나는 문간에 앉아 …하루의 나머지를 찬미합니다. 남루한 옷을 입은 한 노인이 미래의 수확을 한 줌 가득 뿌리는 것을 밤이슬에 젖은 이 땅에서 마음 흐뭇하게 쳐다봅니다. 그의 높고 검은 그림자가 이 넓은 밭을 가득 채우니 그가 세월의 소중함을 얼마나 믿고 있는지 우리는 알겠습니다. 농부는 들판에 오고 가며 멀리 씨를 뿌리며… 별나라에까지 멀리 씨뿌리는 이의 장엄함 그림자를 드리워줍니다." 빅토르 위고의 이 시 한 편으로도 씨 뿌리고 거두는 일이 얼마나 소중한 일인가를 깨닫게 해주고 있습니다.

요한계시록 21징 4절에서, 예수그리스도를 믿는 성도는 이 천국에 대한 소망 때문에 오늘에 눈물 흘릴 일이 생겨도 웃을 수 있고 오늘에 죽을 일이 닥쳐도 기뻐하며 행복한 삶을 만들어 내게 된다고 말하고 있습니다. 우리는 그 천국에서 예수님과 만날 희망을 가지고 이 세상을 정복하면서 매일 매일 주님과 교제하면서 살아가게 되는 것입니다.

IMF를 극복한 경영자는 세 가지를 소유하면 미래가 있는 성공적인 직장인이 될 수 있다고 했습니다. 첫째가 남보다 한 시간 일찍 출근해 그날 일을 준비하라는 것이다. 진짜 경영자는 한 시간 늦게 퇴근하는 사람보다는 한시간 빨리 출근하는 사람을 눈여겨본다는 것입니다. 그런 사람에게 일을 맡겨 실패한 것이 없다는 자신의 경험담도 이야기했습니다. 둘째는 늘 '감사합니다.''고맙습니다.''덕분에'라는 말을 빼놓지 말라는 것입니다. 말만 그리 할 게 아니라 진심으로 그렇게 느껴야 한다는 주문이었습니다. 그것이 마음과 마음 사이의 문턱을 낮추고, 조직의 윤활유(潤滑油) 구실을 하게 된다는 말입니다. 어떤 사장님도 이런 사람을 내치지 않을 것입니다. 셋째는 일이 잘못됐을 때 남보다 먼저 "제 탓입니다", "제 잘못입니다"라고 할 수 있어야 합니다. 서로의 허물을 감싸주는 분위기 속에서 조직은 능력 이상의 힘을 발휘하게 된다는 설명이었습니다. 눈 밝은 경영자는 남의 탓하는 사람을 '정리해고 후보 리스트'의 맨 앞머리에 올려놓는다고 합니다.

우리는 희망이 넘치는 사람들입니다. 그러므로 아무것도 염려하지 말고 오직 기도와 간구로 하나님께만 구하고 부지런히 일하여 내일의 희망과 마지막 천국의 소망을 근간으로 믿음의 발자국을 날마다 내딛으며 사는 그리스도인이 되셨으면 합니다(We are full of hope. So don't worry about anything, only pray God. We must hold on to tomorrow's hope and the last heaven's hope. You have to be a Christian who lives with the footprints of faith every day).

하나님의 마음을
움직인 사람들

Those who moved God's heart

Column 17

사람에게 마음이 감동된다는 일은 쉽게 설명될 수 없는 특별한 일
입니다. 또 이런 경우는 어떤 목표를 성취하는 데 있어서 놀라운 동
기(動機)로 작용하게 됩니다. 일설(一說)에 의하면 '고래도 칭찬하면
춤을 춘다'는 말이 있습니다. 사람도 자신에게 감동시키는 그 무엇
이 있다면 그 고마움을 못 잊어 무엇으로도 갚으려 할 것입니다. 그
런데 하나님을 감동하게 해드린다면 하나님께서 그를 가만 놔두실
까요? 이런 사람은 거친 삶의 현장에서라도 절대 패배하거나 포기
하지 않습니다. 하나님께서 붙드시고 승리하게 하시기 때문입니다.
하나님의 말씀은 위대한 그의 백성들을 소개하는데, 온전한 믿음과
순종으로 하나님을 감동시킨 사람들이라고 추켜세우고 있습니다.

3_1 하나님을 감동시킨 구약의 대표적 인물

아브라함은 자신에게 독자인 이삭을 제물로 드렸습니다. 독자 이삭은 아브라함에게 있어서 백세에 얻은 귀한 아들이었습니다. 그런데 어느 날 하나님으로부터 그에게 그 귀한 아들을 희생제물로 요구하면서 그를 번제(燔祭)로 드리라고 합니다. 아브라함은 오직 전능하신 하나님만 믿고 100세에 얻은 독자를 바쳤습니다.

또 다른 성경의 인물 중 **모세**는 하나님을 향한 믿음과 순종으로 일관(一貫)했습니다. 애굽의 종살이에서 이스라엘 백성이 해방(출애굽)하는 것은 사람의 생각으론 절대 불가능했으나 하나님만 의지하고 출애굽하여 200만 이스라엘 백성을 가나안으로 입성시키고 말았습니다.

하나님의 영광을 위했던 삶에 있어서 **다윗**을 결코 예외로 할 수 없습니다. 블레셋의 거장(巨匠) 골리앗이 하나님을 욕하고 이스라엘 군대를 무시하자, 만군의 하나님의 이름으로 그를 응징했습니다.
사무엘상 17장 45절에서 47절까지, "… 나는 만군의 여호와의 이름 곧 네가 모욕하는 이스라엘 군대의 하나님의 이름으로 네게 나아가노라 … 또 여호와의 구원하심이 칼과 창에 있지 아니함을 이 무리에게 알게 하리라 전쟁은 여호와께 속한 것인즉 그가 너희를 우리 손에 넘기시리라"고 했습니다. 그 결과는 기록된 하나님 말씀 그대로 이루워 졌습니다.

  3_2 하나님을 감동시킨 신약의 대표적 인물

초대 교회가 설립한 근거를 세운 베드로의 이방 전도입니다. 당시 유대인은 율법이 없는 이방인의 집에 들어가거나 함께 먹는 것을 엄격히 금했습니다. **베드로**는 성령님의 명령에 믿음으로 순종하여 지탄을 받을 수 있었던 이방인 고넬료의 집에 가서 전도함으로 최초로 이방인들이 성령충만을 받는 사건이 일어났습니다.

초대교회가 외부(이방 세계)로 확장된 것은 **바울**의 선교비전 때문이었습니다. 처음엔 초대교회와 그리스도인들을 핍박한 바울이었지만 그는 이방인의 사도로 부름을 받고 믿음으로 순종하여 예수님의 위대한 증인으로 쓰임을 받았습니다. 다음 말씀이 그 사실을 증거하고 있습니다.

디모데후서 4장 6절에서 8절까지에서, "… 내가 선한 싸움을 싸우고 나의 달려갈 길을 마치고 믿음을 지켰으니 이제 후로는 나를 위하여 의의 면류관이 예비되었으므로 주 곧 의로우신 재판장이 그 날에 내게 주실 것이니 내게만 아니라 주의 나타나심을 사모하는 모든 자에게니라".

　3_3 하나님을 감동시키는 삶을 살려면 어떻게 해야 할까요?
-믿음의 비전이 바로 세워져야 합니다. 젖과 꿀이 흐르는 가나안 땅에 들어가 은혜를 누리는 것과 성령충만을 받아 온 천하에 복음을 증거하는 것과 예수님의 영광을 나타내기 위한 삶에 대한 분명한 비전이 있어야 할 것입니다.

　-담대하고 헌신적인 자세가 필요합니다.
하나님을 감동시키는 믿음의 삶을 살기 위해서 다음과 같은 삶을 살아야 합니다. 자신에게 닥친 부정적인 환경을 초월하고 말씀에 의지하여 담대한 믿음으로 헌신하는 믿음으로 행한다면 하나님께서 반드시 기적을 베풀어 주십니다.

　-희생적인 하나님 사랑을 본받는 삶이 있어야 합니다.
우리는 힘과 정성을 다해 하나님을 섬기며 그의 뜻을 받들어 '하나님 제일주의'(God-first)로 살아가는 사람은 환난에서 보호를 받습니다. 그는 흑암의 골짜기 속에서도 원수의 도전이 밀려와도 그 가운데서 모든 부정적인 조건을 극복하여 원수들 앞에서 승리한다면 그 얼마나 짜릿한 역사이겠습니까?

현재 물음표 미래 마침표 컬럼집

하나님의 의로움에
다가가는 사람들

People approaching God's righteousness

Column 18

가끔 '물질은 악(惡)한 것이다. 가난하게 살아야 거룩한 것이다'라고 말하는 사람들을 만나게 됩니다. 그런데 이 사람들은 하나님보다 더 신령한 사람들이 아닙니다. 천지를 지으시고 지극히 부요(富饒)하신 하나님은 거룩하신 분이십니다. 물질이나 부요 그 자체는 죄도 아니요, 악도 아닙니다. 그것을 하나님보다 더 사랑하거나 부정하게 사용하려고 할 때, 그 물질의 속성에 얽매이게 되고 그로부터 많은 시련과 고통과 유혹과 올무에 빠지게 되면서 악의 속성으로 작용하게 됩니다. 하나님께서는 우리 그리스도인이 부족함 없이 부요하게 살되, 그보다 훨씬 더 중요하게 여기고 계시는 조건이 있는데, 그것이 이 세상에서 신령하고 거룩하게 살기를 원하신다는 것입니다.

4_1 가난은 언제부터 생겨났는가?

창세기 1장 27절, 28절에서 하나님이 예비해 놓으신 에덴동산은 가난이라는 개념조차도 허락되지 않는 곳입니다. 그러니 그곳은 쪼들림, 부족한 말은 이해할 수 없는 용어였습니다. 오직 모든 것을 은혜로 만 다스림을 받는 에덴동산이라는 곳이라고 말하고 있습니다.

그런데 근원적으로 축복된 그 에덴동산에서 죄를 범함으로 저주를 받은 것은 아담과 하와가 자기들이 하나님처럼 되어 스스로 섬기며 살려고 하나님을 배반했기 때문입니다. 그를 계기로 인간은 에덴에서 쫓겨났고 이 세상은 함께 저주를 받고 말았습니다.

창세기 3장 17절부터 19절에서 아담에게 이르시되 네가 네 아내의 말을 듣고 내가 네게 먹지 말라 한 나무의 열매를 먹었은즉 땅은 너로 말미암아 저주를 받고 너는 네 평생에 수고하여야 그 소산을 먹으리라 땅이 네게 가시덤불과 엉겅퀴를 낼 것이라 네가 먹을 것은 밭의 채소인즉 네가 흙으로 돌아갈 때까지 얼굴에 땀을 흘려야 먹을 것을 먹으리니 네가 그것에서 취함을 입었음이라 너는 흙이니 흙으로 돌아갈 것이니라 하시니라"고 말씀합니다.

예레미야 2장 13절에서, 그 후 아담은 수고하고 무거운 짐을 져야 했으며 가난이 따르게 되었다고 했습니다.

4_2 가난함이 복스러운가, 저주스러운가?

이 주제에 대해 몇 가지로 생각해 볼 수 있는데 다음과 같습니다.

하나는 우리나라의 민족이 가난을 짊어지고 살아온 세대입니다.

당시 일제 36년간 압제와 수탈로 우리 민족은 개인 평균수명이 40세를 밑돌았으며, 한국전쟁으로 혹독한 고통, 비극을 겪었습니다.

둘째로 이 세상의 가난이라는 현실은, 제3세계의 기아와 가난과 그리고 질병 및 북한의 참상을 살펴볼 때 비참하다는 것입니다.

마지막은 가난은 저주라는 개념의 문제이며, 하나님의 말씀에서 보면, 그 말씀을 불순종하면 저주가 임한다는 것입니다.

신명기 28장 15절에서, "네가 만일 네 하나님 여호와의 말씀을 순종하지 아니하여 내가 오늘 네게 명령하는 그의 모든 명령과 규례를 지켜 행하지 아니하면 이 모든 저주가 네게 임하며 네게 이를 것이니"라고 했습니다.

4_3 가난은 하나님의 본래의 뜻이 아닙니다.

먼저, 하나님께서는 원래 인간에게 복을 주시기 원하시는 분입니다. 고린도후서 9장 8절에서 10절까지에서, 하나님께서 우리를 향하여 말씀을 순종하여 복을 받고 영혼과 건강과 범사의 복을 누리며 선한 일을 많이 하고 살기를 원하십니다. 절대 가난은 하나님의 본뜻이 아닙니다.

신명기 28장 2절에서 6절까지에서, "네가 네 하나님 여호와의 말씀을 청종하면 이 모든 복이 네게 임하며 네게 이르리니 성읍에서도 복을 받고 들에서도 복을 받을 것이며 네 몸의 자녀와 네 토지의 소산과 네 짐승의 새끼와 소와 양의 새끼가 복을 받을 것이며 네 광주리와 떡 반죽 그릇이 복을 받을 것이며 네가 들어와도 복을 받고 나가도 복을 받을 것이니라"고 기록하고 있습니다.

다음은 예수 그리스도께서는 가난하게 지상의 삶을 사셨다는 것입니다. 우주의 주인이신 예수님의 일생이 가난 그 자체가 되신 것은 십자가의 대속으로 우리 죄를 사하시고 부요한 삶을 주시기를 원하시기 위하여 고난의 삶, 십자가 대속의 삶, 가난(빈곤)한 삶을 살기 원하셨습니다.

갈라디아서 3장 13, 14절에서, "그리스도께서 우리를 위하여 저주를 받은 바 되사 율법의 저주에서 우리를 속량하셨으니 기록된 바 나무에 달린 자마다 저주 아래에 있는 자라 하였음이라 이는 그리스도 예수 안에서 아브라함의 복이 이방인에게 미치게 하고 또 우리로 하여금 믿음으로 말미암아 성령의 약속을 받게 하려 함이라"고 말씀하고 있습니다.

4_4 그리스도인이 신령하면서도 부요(富饒)할 수 있을까요?

하나, 그리스도인은 삶의 순서를 바로 정하여 살아가야 한다는 것입니다. 먼저 하나님을 섬기면 모든 것을 더해주십니다.

마태복음 6장 33절에서 "너희는 먼저 그의 나라와 그의 의를 구하라 그리하면 이 모든 것을 너희에게 더하시리라"고 그리스도인의 신령한 삶을 요구하고 계십니다.

둘, 하나님을 삶의 절대 주인으로 모시면 모든 것을 책임져 주시고 부요하게 하신다는 것입니다.

셋, 올바른 청지기로 헌신하고 온전한 십일조를 드릴 때 복을 부어 주신다는 것입니다.

말라기 3장 8절에서 10절까지에서, "… 만군의 여호와가 이르노라 너희의 온전한 십일조를 창고에 들여 나의 집에 양식이 있게 하고 그것으로 나를 시험하여 내가 하늘 문을 열고 너희에게 복을 쌓을

곳이 없도록 붓지 아니하나 보라"고 말씀하고 있습니다.

넷, 심고 거두는 법칙에 의하면 선한 사업에 부(富)하도록 심는 대로 거두게 하신다는 것입니다.

고린도후서 9장 8절에서 "하나님이 능히 모든 은혜를 너희에게 넘치게 하시나니 이는 너희로 모든 일에 항상 모든 것이 넉넉하여 모든 착한 일을 넘치게 하게 하려 하심이라"라고 말씀하십니다.

다섯, 물질에 집착하지 않고 하나님의 영광만을 위해 사용할 때 하나님께서 반드시 후(厚)하게 공급해 주신다는 것입니다.

하나님과 동행하는 그리스도인의 여정에서 선한 일과 수입에 힘쓰는 중 소유한 물질은 결코, 악(惡)하지 않습니다. 나아가 그런 물질은 하나님의 영광을 위해 사용될 때 선하고 아름다운 일이 성취되는 것입니다. 가난은 저주라 할 만큼 싫지만 그 가난을 극복하고 하나님 그분에게 영광으로 올려 드리는 그리스도인의 삶은 참으로 소중한 것입니다.

현재물음표미래마침표컬럼집

지상에서 영원을
향하는 사람들의 삶 - ①
People's lives from earth to eternity-1

Column 19

구약 성경 39권 중 '시가서'로 분류된 전도서는 인생과 그리스도인의 삶을 대변(代辨)해 주고 있습니다. 그 시작에서 솔로몬은 '삶은 헛되고 헛되어 헛된 것들'만 있다고 토로(吐露)합니다. 그리고 이 모든 것들은 좋은 것이든 나쁜 것이든 지나간다고 합니다. 그렇지만 인생의 삶에 하나님께서 함께 하신다면 그 삶은 의미 있고 그 끝에는 영생이 있다고 결론짓는 것을 보게 됩니다.

신학자 스탠리 하우어워스의 아내는 조현병이 있었습니다. 그녀는 어느 날 바람을 피우고 도피까지 했습니다. 몇 년 뒤 그녀의 자살 시도 소식과 더 이후엔 그녀의 사망 소식까지 듣게 되었습니다. 이렇게 신학자, 하우어워스는 자신의 삶의 고통에 대해 그가 저술한 책에서 '한나의 아이에 대한 정답 없는 삶 속에서 신앙하기'란 주제에서 이렇게 서술(敍述)하고 있습니다. "나는 그런 질문에 어떻게 대답해야 할지 모른다. 그러나 내가 볼 때 그리스도인으로 사는 것은 답 없이 사는 법을 배우는 과정이다. 이렇게 사는 법을 배울 때 그리스도인으로 사는 것은 너무나 멋진 일이다. 신앙은 답을 모른 채 계속 나아가는 법을 배우는 일이다"라고 했습니다.

다음은 사람들이 제각각의 인생길을 걸어가면서 공통적인 생각을 갖는 주제가 '헛되다!'라고 하는 것입니다. 이런 생각들을 하면서 인생의 받침돌로 두고 사는 좌우명 몇 가지를 추천하고 싶습니다.

⟨Table--4⟩ **'헛되다!'-인생의 받침돌을 위한 좌우명**

▌흙으로 돌아감 ⇨	-인생은 헛되고 헛되다. 다 흙으로 돌아간다
▌해 아래 새것 없음 ⇨	-해 아래 새것이 없으니, 새것이 되려는 헛된 욕심을 내지 말자
▌알 수 없는 인생 ⇨	-어느 때에 무엇이 이루어질지 알 수 없는 인생이니 일희일비하지 말자
▌젊을 때 기쁨을 ⇨	-하지만 청년의 날을 기뻐하며 마음에 원하는 길과 눈에 띄는 대로, 이 땅에서 누릴 수 있는 건 다 해보자
▌즐거움이 큰 복 ⇨	-이 땅에 태어나서 먹고 마시며 사랑하는 사람과 함께 즐거워하는 것이 가장 큰 복이다
▌선(善)이 최상 ⇨	-사는 동안 기뻐하며 선을 행하는 것보다 나은 것이 없다
▌창조주 기억 ⇨	-선물로 사는 인생을 즐기지만 항상 창조주를 기억하고 감사하는 믿음을 갖는다

4_1 지상의 삶에서 영원한 것은 없습니다

　-다음 조건을 영원히 소유할 수 없습니다.

인간은 자기 자신에게 주어진 지위, 명예, 권세, 부귀영화, 젊음, 업적 등을 영원히 소유할 수 없다고 성경은 증언하고 있습니다. 이 조건들을 일반 상식적인 생각으로도 소유할 수 없다고 합니다.

욥기 14장 1절, 2절에서, "여인에게서 난 사람은 사는 날이 적고 괴로움이 가득하며 그 발생함이 꽃과 같아서 쇠하여지고 그림자같이 신속하여서 머물지 아니하거늘"이라고 말씀하고 있습니다.

　-모든 사람은 죽음과 함께 지상에서 사라집니다.

혹시 역사의 기록이나 후생(後生)에 기억된다 해도 이미 죽어 이 세상을 떠난 개인에게는 무슨 유익과 상관이 있습니까? 죽음 이후에는 아무것도 필요 없습니다. 이것이 보편타당한 진리입니다. 야고보서 4장 14절에서, "내일 일을 너희가 알지 못하는도다 너희 생명이 무엇이뇨 잠간 보이다가 없어지는 안개니라"고 말씀하고 있습니다.

　-지상에서의 인간에게는 허무합니다.

당연한 말입니다. 구원받지 못한 영혼은 영생과는 아무런 상관이 없습니다. 영원히 살지 못하는 인생에게는 지상에서의 모든 일이 다 허무하고 무의미한 것 외에는 아무 것도 없습니다.

4_2 '영원'이라는 시간을 이 땅에 옮기신 예수님이십니다.

　-철학과 종교로는 허무함을 극복할 수 없습니다.

일반 철학이나 종교는 삶의 속성이 절망(죽음)이라는 주제를 수양하고 참선하면서 어떻게 해서든지 죽음을 극복하려고 합니다. 그러나 그것으로는 단연코 불가능하다는 것을 곧 깨닫게 됩니다.

　-예수님의 구원만이 허무함을 극복하게 힙니다.
영원하신 하나님의 아들이 유한한 세계 속에 인간의 몸을 입고 오셔서 고난 당하고 인류의 죄를 대속하기 위해 십자가에 못 박혀 돌아가셨습니다.
이사야 9장 6절부터 7절까지에서, "이는 한 아기가 우리에게 났고 한 아들을 우리에게 주신 바 되었는데 그의 어깨에는 정사를 메었고 그의 이름은 기묘자라, 모사라, 전능하신 하나님이라, 영존하시는 아버지라, 평강의 왕이라 할 것임이라 그 정사와 평강의 더함이 무궁하며 또 다윗의 왕좌와 그의 나라에 군림하여 그 나라를 굳게 세우고 지금 이후로 영원히 정의와 공의로 그것을 보존하실 것이라 만군의 여호와의 열심이 이를 이루시리라"고 말씀하셨습니다.

　-예수님의 부활은 인간의 유한성을 극복하십니다.
예수님은 장사 된 지 3일 만에 그 어떤 이도 극복하지 못했던 죽음을 이기시고 무덤에서 부활하심으로 인간의 유한(有限)을 극복하시고 지상의 유한한 인간의 삶 속에 영원을 이루었습니다(Jesus overcame his death three days after his funeral. It is a death that no one has overcome. Resurrected from the grave, overcoming human limitations Eternity was achieved in the finite human life on earth).

요한복음 11장 25절, 26절에서, "예수께서 가라사대 나는 부활이요 생명이니 나를 믿는 자는 죽어도 살겠고 무릇 살아서 나를 믿는 자는 영원히 죽지 아니하리니"라고 말씀했습니다.

현재물음표미래마침표컬럼집

지상에서 영원을
향하는 사람들의 삶 - ②

People's lives from earth to eternity-1

Column 20

4_3 유한(有限) 속에 살면서 영원을 가진 삶입니다.

  -자신의 삶에 예수님을 구세주로 모시면 영원한 삶을 보장받습니다.
예수님을 구주로 모셔 들이면 누구든지 구원을 얻고 하나님의 품에
안겨 영원한 삶을 살게 되는 축복이 있습니다. 요한복음 1장 12절,
13절에서 "영접하는 자 곧 그 이름을 믿는 자들에게는 하나님의 자
녀가 되는 권세를 주셨으니 이는 혈통으로나 육정으로나 사람의 뜻
으로 나지 아니하고 오직 하나님께로서 난 자들이니라"라고 말씀하
셨습니다.

-세례받는 것의 예입니다.

구원받은 그리스도인의 표로서 세례를 받는 것은 예수님의 죽으심과 부활과 연합하여 유한(有限)을 극복하고 새 생명을 누리면서 영원한 생명을 약속받고 나중 약속을 이루게 됩니다.

-어떤 것이 영생의 삶이 아닙니까?

문화적, 전통적, 의식적, 학문적으로는 누구든지 영생을 누릴 수 없습니다. 오직 죄(원죄)를 회개하고 예수님을 믿음으로 하나님의 생명을 얻어 영원한 친교에 들어가게 됩니다. 요한복음 5장 24절에서, "내 말을 듣고 또 나 보내신 이를 믿는 자는 영생을 얻었고 심판에 이르지 아니하나니 사망에서 생명으로 옮겼느니라"고 말씀합니다.

4_4 영생이 가져다주는 행복은 지상에서 영원으로 …

-영원한 하나님의 형상대로 창조된 인간입니다.

하나님의 형상과 모양대로 지음 받은 인간의 삶은 모든 것이 영속(永續)되는 의미가 있습니다. 짐승은 죽으면 흙으로 돌아가고 말지만, 인간은 죽은 후에 영생(永生) 또는 영벌(永罰)의 삶이 기다리고 있습니다. 다음의 말씀은 그 사실을 매우 사실대로 증거해 주고 있습니다.

데살로니가전서 4장 14절부터 18절까지에서, "우리가 예수께서 죽으셨다가 다시 살아나심을 믿을진대 이와 같이 예수 안에서 자는 자들도 하나님이 그와 함께 데리고 오시리라 우리가 주의 말씀으로 너희에게 이것을 말하노니 주께서 강림하실 때까지 우리 살아 남아 있는 자도 자는 자보다 결코 앞서지 못하리라 주께서 호령과 천사장의 소리와 하나님의 나팔 소리로 친히 하늘로부터 강림하시리니 그리스도 안에서 죽은 자들이 먼저 일어나고 그 후에 우리 살아 남은 자들도 그들과 함께 구름 속으로 끌어 올려 공중에서 주를 영접하게 하시리니 그리하여 우리가 항상 주와 함께 있으리라 그러므로 이러한 말로 서로 위로하라"고 말씀합니다.

　-하나님께 영광만을 돌려야 합니다.
각자가 이 지상에서 제각각 맡겨주신 재능을 잘 사용해야 합니다. 여러 종 가운데 하나님께 영광을 돌린 착하고 충성된 종에게는 마땅히 영원한 상급이 따르게 됩니다.

　-영원함을 선물 받으면 그에 합당한 헌신이 요구됩니다.
우리는 영원함을 선물 받은 존재들입니다. 그렇다면 그에 합당한 삶이 요구되고 있습니다. 빛과 소금의 사명을 다하고 봉사, 헌신한 일꾼에게는 영원한 보상이 있습니다.

고린도전서 15장 58절에서, "그러므로 내 사랑하는 형제들아 견고하며 흔들리지 말며 항상 주의 일에 더욱 힘쓰는 자들이 되라 이는 너희 수고가 주 안에서 헛되지 않은 줄을 앎이니라."
주의 일에 힘쓰는 것은 적극적 헌신을 말합니다. 주님께 헌신하는 자세로서 견고하고 오락가락하지 말라는 것입니다. 왜 이렇게 해야 합니까? 그것은 영원히 사는 삶, 죽지 않는 생명을 선물로 받았기 때문입니다.

　-부활의 영광에 참예하여 지상에서 영원으로 갑니다.

예수님을 구주(救主)로 모신 하나님의 백성은 죽음이 와도 두렵지 않습니다. 우리 영혼은 하나님 보호 가운데서 안식(sleep)하다가 예수님께서 재림하실 때(the Second Coming) 영광스러운 몸으로 부활하여 천국에서 영생과 복락을 누리게 되는 것을 믿습니다.

그렇다면, 이제, 우리 그리스도인이 앞으로의 삶에서 희망이 단 하나도 보이지 않는 것이 아닙니다. 확실한 것은 낙심할 수밖에 없는 조건만 난무(亂舞)한 세상에서 희망의 삶으로 살아가는 것입니다. 그리스도인으로서 마땅히 받아야 할 희망을 선사(膳賜)해 주시고 제공하시는 분이 내 안에 계시는 예수 그리스도입니다. 예수 그리스도 그분께서 나를 죽음이라는 비참함과 절망에서 건져 주셨으니, '지상에서 영원으로 향하는 사람들'의 삶을 살아가면 되는 것입니다.

결론적으로 우리 그리스도인은
그 진리를 확신 가운데 희망과 설렘으로
붙잡으셔야 하지 않겠습니까?
In conclusion, shouldn't
we Christians hold on to the truth with
hope and excitement among conviction?

제 2 부
하나님의 교회

현_재_물_음_표_미_래_마_침_표_컬_럼_집

현재물음표미래마침표컬럼집

하나님의 의(Righteousness)란
무엇인가? - ①

What is God's righteousness?-1

Column 21

'하나님의 의'란 무엇입니까? 헬라어(그리스)에서는 'δικαιοσύνη θ εοῦ'(diakaiosune theou), 영어에서는 'Righteousness of God'이라 해서 하나님의 의로운 속성을 보여주는 매우 중요한 신학적 용어로 사용되고 있습니다. 즉 하나님은 영적으로 '의로운'(righteous) 혹은 일반적으로 '정의로운'(justice)의 의미로 나타내고 있습니다. 이 개념은 기독교 초대 교부, 성 어거스틴(St. Augustine)[1]에서 시작하여 종교개혁자, 말틴 루터(Maltin Luther)에 이르러 그 개념이 바르게 형성되었습니다.[2] 그리고 종교개혁을 논리적으로 정의한 칼빈(John Calvin)에 이르러 정리된 용어입니다. 인간이 스스로 만들어 내는

---

1) St. ~ 성(聖)아우구스티누스, r1독교 초기의 교부(AD354-430).
2) https://ko.wikipedia.org/wiki/하나님의 의.

'정의'(justice)가 아닌 믿음에 원리에 의하여 오직 하나님에 의하여 부여된 수동적 '의'(Righteousness)를 신학자들은 주장하였습니다.[3]

6_1 하나님의 의는 일반적 정의와 마주하는 의미입니다.

하나님의 의는 인간의 의와 대립되는 개념입니다. 로마서 10장 3절, 4절에서, "하나님의 의를 모르고 자기 의를 세우려고 힘써 하나님의 의를 복종치 아니하였느니라 그리스도는 모든 믿는 자에게 의를 이루기 위하여 율법의 마침이 되시니라"라고 성경적 의를 증언하고 있습니다.

6_2 하나님의 의는 구원의 길입니다.

하나님이 인간을 구원하시는 하나님의 뜻과 하나님의 죄인에게는 구원의 길이라고 이해하면 좋습니다. 하나님의 의의 구체적인 내용이 로마서 3장 22절부터 26절까지에서, "곧 예수 그리스도를 믿음으로 말미암아 모든 믿는 자에게 미치는 하나님의 의니 차별이 없느니라 모든 사람이 죄를 범하였으매 하나님의 영광에 이르지 못하더니 그리스도 예수 안에 있는 구속으로 말미암아 하나님의 은혜로 값없이 의롭다 하심을 얻은 자 되었느니라 이 예수를 하나님이 그의 피로 인하여 믿음으로 말미암는 화목 제물로 세우셨으니 이는 하나님께서 길이 참으시는 중에 전에 지은 죄를 간과하심으로 자기의 의로우심을 나타내려 하심이니 곧 이때에 자기의 의로우심을 나타내사 자기도 의로우시며 또한 예수 믿는 자를 의롭다하려 하심이니라"라고 증언하고 있습니다.

---

3) 황성철, "마틴 루터의 이신칭의, 기독일보, Mar 06, 2013.

6_3 하나님의 의는 예수님 자체의 복음입니다.

예수 그리스도의 의는 죽음과 부활이라는 복음으로 나타났습니다. 로마서 1장 17절에서, "복음에는 하나님의 의가 나타나서 믿음으로 믿음에 이르게 하나니 기록된 바 오직 의인은 믿음으로 말미암아 살리라 함과 같으니라"고 말씀하듯이 복음으로 드러났습니다.

6_4 하나님의 의로움에 빗대어 인간은 정의를 상실했습니다.

인간의 조상 아담은 에덴동산에서 범죄하고 정의를 잃어버렸을 때 자신이 벌거벗은 것을 알았습니다. 그는 수치스러워 나뭇잎으로 자신을 가리고 하나님을 두려워하여 숨었으며 하와를 원망하고 불행하게 되었습니다. 인간은 벌거벗은 양심을 자신에게는 감출 수 없으므로 온갖 거짓과 변명으로 자기를 가리고 법 앞에서 어찌하든지 자신의 범죄를 모면(謀免)하려 하고 서로 원망하고 다투므로 불행에 이르게 되었습니다.

시편 32편 1절부터 4절까지에서, "허물의 사함을 받고 자신의 죄가 가려진 자는 복이 있도다 마음에 간사함이 없고 여호와께 정죄를 당하지 아니하는 자는 복이 있도다 내가 입을 열지 아니할 때에 종일 신음하므로 내 뼈가 쇠하였도다 주의 손이 주야로 나를 누르시오니 내 진액이 빠져서 여름 가뭄에 마름 같이 되었나이다(셀라) "

이같이 탄식하는 고백은 자신의 불행이 그와 정반대의 존재로 거듭나는 기적의 존재 변화가 발생한다는 사실에서 하나님의 의로움이 충만함으로 드러나는 축복이며 그 사실이 넘쳐나게 됩니다.

현재 물음표 미래 마침표 컬럼집

하나님의 의(Righteousness)란 무엇인가? - ②

What is God's righteousness?-2

Column 22

6_5 예수님의 은혜와 의로움은 무엇입니까?

　-아담과 하와부터 인간은 하나님의 의로움에 멀어졌다는 것을 외면할 수가 없습니다. 그들을 이해하기 위해서, 로마서 3장 23절에서, "모든 사람은 죄를 범했기 때문에 하나님의 영광에 이르지 못한다"고 합니다.

　-예수님이 주시는 용서와 의로움에서 생각하면 다음 같습니다. 고린도후서 5장 21절에서, "십자가에서 우리 대신 형벌 받아 죽으시고 장사되심으로 공의의 하나님 앞에 용서의 대가를 지불하셨으며 부활하심으로 우리를 영원히 의롭게 하셨다"고 증언해 줍니다.

로마서 3장 24절, 25절에서, "그리스도 예수 안에 있는 구속으로 말미암아 하나님의 은혜로 값 없이 의롭다 하심을 얻은 자 되었느니라 이 예수를 하나님이 그의 피로 인하여 믿음으로 말미암는 화목 제물로 세우셨으니 이는 하나님께서 길이 참으시는 중에 전에 지은 죄를 간과하심으로 자기의 의로우심을 나타내려 하심이니"라고 말씀하고 있습니다.

 -은혜의 선물에 대한 말씀의 교훈입니다. 우리가 죄를 회개하고 믿음으로 그리스도를 구주로 모시면 의롭다 함을 얻습니다. 이것은 행위의 대가(代價)가 아닌 하나님의 선물이므로 그 사랑에 감사하여 의를 좇아 살아가야 합니다. 다음 말씀에서 은혜의 선물, 하나님의 의를 좇아가야 하지 않겠습니까?
에베소서 2장 8절, 9절에서, "너희는 그 은혜에 의하여 믿음으로 말미암아 구원을 받았으니 이것은 너희에게서 난 것이 아니요 하나님의 선물이라 행위에서 난 것이 아니니 이는 누구든지 자랑하지 못하게 함이라"고 교훈을 말하고 있습니다.

요한일서 1장 9절, 10절에서, "만일 우리가 우리 죄를 자백하면 저는 미쁘시고 의로우사 우리 죄를 사하시며 모든 불의에서 우리를 깨끗케 하실 것이요 만일 우리가 범죄하지 아니하였다 하면 하나님을 거짓말하는 자로 만드는 것이니 또한 그의 말씀이 우리 속에 있지 아니하니라"고 그 교훈을 말씀합니다.

 6_6 의의 열매를 맺는 삶에 대한 말씀의 교훈입니다.
 -의의 열매는 하나님의 법을 지키는 것입니다. 우리는 값없이

의롭게 되었으니 삶 속에 하나님의 법을 지키는 의의 열매를 맺어야만 할 것입니다. 그 기초적인 의의 열매가 하나님의 계명(율법)을 지키는 것입니다.

에베소서 5장 8절, 9절에서, "너희가 전에는 어두움이더니 이제는 주 안에서 빛이라 빛의 자녀들처럼 행하라 빛의 열매는 모든 착함과 의로움과 진실함에 있느니라"고 의로움대로 살라는 권면의 교훈입니다.

  -의의 열매가 없으면 불의, 부정, 부패가 성행(盛行)하게 됩니다. 욕심은 죄를 낳고 죄가 장성한즉 사망을 낳는다고 합니다. 의로운 열매가 없으면 염려, 근심, 불안, 초조, 절망, 죽음 등의 사망의 열매를 맺히게 됩니다(잠 19:16).

  -인간사(人間事) 모든 곳에 하나님의 의가 함께 해야 복이 됩니다. 돈과 의, 명예와 의, 권력과 의 그리고 인간관계도 의로움이 함께해야 합니다. 의가 없는 모든 것은 도리어 화(禍)로 변하는 속성을 지니고 있습니다(시 62:10, 잠 22:1, 29:2, 롬 13:10, 엡 4:25). 미가서 6장 8절에서, "사람아 주께서 선한 것이 무엇임을 네게 보이셨나니 여호와께서 네게 구하시는 것이 오직 공의를 행하며 인자를 사랑하며 겸손히 네 하나님과 함께 행하는 것이 아니냐"고 말하고 있습니다.

  -항상 의의 열매를 맺으려면 어떻게 해야 합니까? 하나님의 법을 묵상해야 합니다. 더불어 악함과 죄와 오만을 멀리해야 합니다. 늘 회개하고 사탄의 유혹을 단호히 물리치며 기도와 성령충만을 간

구해야 합니다.

에스겔 18장 30절에서, "주 여호와의 말씀이니라 이스라엘 족속아 내가 너희 각 사람이 행한 대로 심판할지라 너희는 돌이켜 회개하고 모든 죄에서 떠날지어다 그리한즉 그것이 너희에게 죄악의 걸림돌이 되지 아니하리라"고 말씀합니다.

다시 한번 되새겨 봅니다. 우리 그리스도인에게 교훈하는 말씀은 하나님의 의를 행동으로 옮기지 않으면, 불의와 악을 행하는 자가 되면서 바람에 날리는 겨와 같아서 금세(今世)와 내세(來世)에 심판을 받는다고 합니다.

단테의 신곡의 '지옥 편'에는 지옥문에 '이곳으로 들어가는 자여, 모든 희망을 버릴지라'고 적혀 있습니다. 영원히 희망이 없다는 그곳은 죽음 그 자체보다도 더 형벌입니다. 어쩌면 우리가 처한 현실은 죽음보다 더 무서운 상황일 수 있지만, 의인으로서 천국의 영원한 기쁨을 보장받고 그 의로운 길에서 영원함으로 이어간다는 것, 그것은 분명히 하나님의 의로운 삶, 그 안에서 생존해가는 존재입니다.

현재 물음표 미래 마침표 컬럼집

실제적인 것과
비실제적인 것

The real and the non-real

Column 23

실제로 없는 것이 있는 것처럼 나타나 보이거나 실제와는 다른 것으로 보이는 모습을 허상(虛像)이라 합니다. 광선이 거울이나 렌즈 때문에 반사될 때, 그 반사되는 방향과 반대의 방향으로 연장하여 이루어지는 가상적인 상(像)이나 볼록 렌즈나 오목 거울에서는 물체가 초점 안에 있을 때 생기고, 평면거울, 오목렌즈, 볼록거울에서는 물체의 위치에 관계 없이 나타나는 것을 허상이라고 말합니다. 이와 반대어로는 실상(實像)이라고 합니다.

허상으로 보이려 하는 것은 '허수아비'라고 표현합니다. 이것을 허개비(scarecrow)라고 하며, 시골 농촌에서 농작물에 피해를 주는 새나 짐승을 쫓기 위해 만들어 세워 놓는 사람의 형상을 한 구조물을 말하고 있습니다. 이를 지탱하는 재질은 보통 짚이나 나무이며 사람 모양의 형상은 헝겊이나 천을 기워 만듭니다. 만들어진 허수아비는 주로 낡은 옷을 입혀서 멀리서 보면 사람이 서 있는 것처럼 보이게 하므로 위장하는 것이 그 목적입니다.

사람으로 말하면, 허울뿐이고 쓸모 없거나 실권이 없는 사람을 가리키기도 합니다. 이렇게 허울뿐인 사례를 교훈하는 말씀이 있습니다. 시편 127편 1절, 2절에서, "여호와께서 집을 세우지 아니하시면 세우는 자의 수고가 헛되며 여호와께서 성을 지키지 아니하시면 파수꾼의 깨어 있음이 헛되도다 너희가 일찍이 일어나고 늦게 누우며 수고의 떡을 먹음이 헛되도다 그러므로 여호와께서 그의 사랑하시는 자에게는 잠을 주시는도다"라고 말씀하고 있습니다.

  첫째, 그리스도인의 실제적인 것과 비 실제적인 것입니다.
  -아담으로부터 이어받은 세상적인 삶은 지나간 허상입니다. 믿는 자에게는 죄와 마귀, 세속적 유혹, 그리고 질병, 저주, 죽음까지도 허상이며 그 허상을 따라서 맹종하는 세상의 모습을 보게 됩니다. 고린도후서 5장 17절에서, "그런즉 누구든지 그리스도 안에 있으면 새로운 피조물이라 이전 것은 지나갔으니 보라 새것이 되었도다"라고 이에 대해 말씀하고 있습니다.

  -예수 그리스도의 구원의 은혜로 받은 영적인 삶은 실상입니다. 우리 그리스도인은 용서받은 의인(義人)이 되었고 성령충만을 받아서 거룩하게 되었습니다. 그리고 우리가 치료받아 강건하고 저주에서 해방되어 아브라함의 믿음의 복을 받았으며 예수 그리스도의 부

활과 영생을 얻었으며 천국을 얻은 것은 실상입니다.

갈라디아서 3장 13절에서, "그리스도께서 우리를 위하여 저주를 받은 바 되사 율법의 저주에서 우리를 속량하셨으니 기록된 바 나무에 달린 자마다 저주 아래에 있는 자라 하였음이라"라고 기록하고 있습니다.

　-그리스도인의 새로운 실상으로서 새로운 정체성을 생각하고 바라보며 믿고 고백하면서 성도로서 삶을 이어가야 합니다.

에베소서 3장 18절부터 20절까지에서, "능히 모든 성도와 함께 지식에 넘치는 그리스도의 사랑을 알고 그 너비와 길이와 높이와 깊이가 어떠함을 깨달아 하나님의 모든 충만하신 것으로 너희에게 충만하게 하시기를 구하노라 우리 가운데서 역사하시는 능력대로 우리가 구하거나 생각하는 모든 것에 더 넘치도록 능히 하실 이에게"라고 말씀합니다.

　둘째, 신분에 있어서 실제적인 것과 비실제적인 것입니다.

　-일반적인 신분은 허상으로서 순식간에 지나가 버리는 속성이 있습니다. 사람들이 내세우는 가문, 학력, 출세, 성취, 지위 그리고 명예 등은 모두 세월 따라 바람 따라 지나가 버리는 속성이 있다는 것입니다.

전도서 1장 2절부터 4절에서 "전도자가 이르되 헛되고 헛되며 헛되고 헛되니 모든 것이 헛되도다 해 아래에서 수고하는 모든 수고가 사람에게 무엇이 유익한가 한 세대는 가고 한 세대는 오되 땅은 영원히 있도다"라고 말씀합니다.

-그리스도 안에 있는 영원한 신분은 실제적인 것입니다. 우리는 하나님이 만세(萬世) 전에 택하신 족속이요 왕 같은 제사장이요 거룩한 나라며 하나님의 소유된 백성이다. 그리스도의 보혈로 우리 죄를 사하시고 의롭다 하심으로 허락하신 영원한 신분은 실상으로서 실제적인 것입니다.

베드로전서 2장 9절에서, "그러나 너희는 택하신 족속이요 왕 같은 제사장들이요 거룩한 나라요 그의 소유가 된 백성이니 이는 너희를 어두운 데서 불러 내어 그의 기이한 빛에 들어가게 하신 이의 아름다운 덕을 선포하게 하려 하심이라"고 말씀하십니다.

그러므로 그리스도인은 신분과 존재 문제에서 실제적입니다. 절대 비실제적이 아닌 것입니다.

셋째, 말세 현상에 있어서 실제적인 것과 비실제적인 것입니다.

-인간 세상의 유토피아는 비실제적인 것입니다. 18세기 계몽사상의 영향으로 인간의 이성과 과학발전에 의해 지상낙원을 만들 수 있다는 주장은 인류를 들뜨게 했습니다. 그러나 가장 비이성적이고 자멸적(自滅的)인 제1, 2차 세계대전으로 수천만 명이 목숨을 잃었으며 문명은 파괴되고 과학은 전쟁의 도구가 되었습니다. 그 결과로 지구상의 인간은 지금도 대립과 끝없는 내란과 분쟁으로 남은 것은 희망이 아닌 냉소주의라는 말세현상을 보여주고 있습니다.

-예수님이 다스리시는 나라는 실제적입니다. 예수 그리스도는 다시 오실 때 구속받은 성도들을 부활시키시고 적그리스도와 추종자들을 심판하고 계십니다. 사탄을 결박하여 무저갱에 가둔 후 지상

에는 천년왕국이 이루어지며 천년이 차면 사탄을 불못에 던지고 모든 불신자들을 최후 심판하십니다. 그리스도인들은 예비하신 하늘 나라의 거룩한 성 새 예루살렘에 들어가 영원무궁 거하게 됩니다.

요한계시록 21장 1절, 2절에서, "또 내가 새 하늘과 새 땅을 보니 처음 하늘과 처음 땅이 없어졌고 바다도 다시 있지 않더라또 내가 보매 거룩한 성 새 예루살렘이 하나님께로부터 하늘에서 내려오니 그 준비한 것이 신부가 남편을 위하여 단장한 것 같더라"고 증언하고 있습니다.

이 지상에 존재하는 것은 영적인 교훈으로 볼 때, 비실제적인 것이라 말씀합니다. 왜냐하면 세상에 존재하는 모든 것들은 덧없이 사라지고 인간이 붙들고 있는 것들도 다 허상에 불과합니다. 그런 하나님이 함께 하시는 것은 실제적인 것이며 진실되고 참된 것입니다. 예수 그리스도 복음과 말씀 안에는 사라지거나 죽지 않는 영원한 실제적인 것이 존재합니다. 예수 그리스도 안에 있는 우리 그리스도인은 비실제적인 것에 제약받지 않고 실제적인 것에 붙들려 존재하는데 주님께서 오실 그때까지입니다.

세 가지 재앙과
세 가지 축복 - ①

Three disasters, three blessings-1

현재물음표미래마침표컬럼집

Column 24

'인생의 삶'의 의미는 광범위한 것입니다. 하지만 일부 개념대로 표현하면, 여정(旅程, The journey of life)이라고 말할 수 있습니다. 개인이든지 가정이든지 그리고 공동체이든지 목적지를 향해 가고 있는 여정이라 할 수 있습니다. 이 지상에서 삶을 이루고 살아가는 것은 모두가 여정 중에 있습니다. 특히 예수 그리스도를 믿는 그리스도인에겐 더욱 이 여정의 의미가 다가오고 있습니다.

우리에게 각자의 인생 여정을 살펴보면, 지금 어느 지점을 통과하고 있다고 생각됩니까? 일일일생(一日一生)을 하루로, 일년사계(一年四季)를 한 번에 압축한다면 어느 지점에 위치하고 있다고 생각합니까? 이런 확인이 깊고 넓은 시야로 우리 삶을 새롭게 바라보게 합니다. 죽음을 날마다 눈앞에 환히 두고 환상이 말끔히 걷힌 투명한 본질적 삶을 살게 합니다. 세상을 돌아보면, 항해 여정 중 난파당하거나 조난(遭難)을 당하거나 위기 중인 개인이나 공동체를 곳곳에서 목격하게 됩니다. 이럴 때 우리 그리스도인은 자신이나 주변의 재앙이 어디서부터 기인하고 있는지 세심하게 살펴볼 필요가 있습니다.

첫째, 세 가지 재앙의 진원지는 어디입니까?
　-하나님의 뜻은 재앙이 아니라 평안과 복입니다.
하나님께서 에덴동산을 창조하시고 거기서 인간의 모든 복락(福樂)을 누리게 하셨습니다. 이것이 하나님의 본래의 뜻이며 하나님께서는 여전히 인간이 복을 누리며 살게 하셨습니다.
예레미야 29장 11절에서, "여호와의 말씀이니라 너희를 향한 나의 생각을 내가 아나니 평안이요 재앙이 아니니라 너희에게 미래와 희망을 주는 것이니라"고 말씀합니다.

　-재앙의 원인은 아담의 반역으로부터 기인합니다.
인간은 스스로 생겨난 존재가 아닙니다. 에덴동산 창조의 현장에서부터 하나님의 창조물로서 지음 받은 피조물입니다. 하나님이 금하신 선악을 알게 하는 실과(Fruit of the knowledge of good and evil)를 먹지 말라는 것은 해도 좋고 안 해도 좋은 조건이 아니었습니다. 결국은 마귀의 꾀임에 빠져 선악과를 따먹는 지상 최대의 범죄를 저지르고 타락에 빠진 것이었습니다. 아담이 방심했고 우리가 경계해야 할 것은 다음과 같은 말씀입니다.

야고보서 1장 15절에서, "욕심이 잉태한즉 죄를 낳고 죄가 장성한즉 사망을 낳느니라"고 말씀합니다.

-하나님의 심판과 재앙의 시작에 있습니다.
아담은 영적 타락과 죽음으로부터 오는 재앙으로 모든 축복의 관계가 단절(斷切)되었습니다. 더욱 충격적인 사실은 아담은 하나님께 버림받고 그와의 관계가 끊어진 것입니다. 재앙은 거기서 그치는 것이 아니라 이 세상은 환경적 재앙으로 땅은 저주를 받았고, 육체적 죽음의 재앙으로 늙고 병들어 흙으로 돌아가게 되었습니다.

아담 이후 이 삼대 재앙의 검은 강물은 온 지구와 역사를 통해 넘실대며 흐르고, 모든 인생은 이 저주와 죽음의 강물을 마시고 고생과 수고로 고통당하며 살게 되었습니다. 그 가운데서 인간의 힘으로 스스로 빠져나올 수 없게 되었습니다. 이문제가 더욱 심각한 문제라고 보는 것입니다.

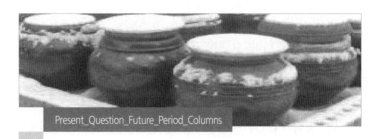

현재 물음표 미래 마침표 컬럼집

세 가지 재앙과
세 가지 축복 - ②

Three disasters, three blessings-2

Column 25

　

둘째, 세 가지 축복의 공급자는 누구입니까?

　-하나님이 사람으로 이 땅에 오셨습니다.

인간이 지은 죄는 인간이 갚아야만 하는데 아담의 후예로서 자신이
지은 죄 값을 갚을 인간이 단 하나도 없습니다. 성자 예수님은 아담
의 자손이 아닌 '여자의 후손'으로 오셨습니다. 그러므로 그분만이
우리 그리스도인이 지불하지 못하는 죄를 갚을 수 있는 분이 아니
신가요?

　

　-예수님의 온전하신 순종과 믿음의 공생애입니다.

예수님은 우리 인간의 연약함을 돌보시고 구해주셨습니다.

히브리서 4장 14절부터 16절까지에서, "그러므로 우리에게 큰 대제사장이 계시니 승천하신 이 곧 하나님의 아들 예수시라 우리가 믿는 도리를 굳게 잡을지어다 우리에게 있는 대제사장은 우리의 연약함을 동정하지 못하실 이가 아니요 모든 일에 우리와 똑같이 시험을 받으신 이로되 죄는 없으시니라 그러므로 우리는 긍휼하심을 받고 때를 따라 돕는 은혜를 얻기 위하여 은혜의 보좌 앞에 담대히 나아갈 것이니라"고 말씀합니다.

　-인간을 위한 대속제물이 되신 예수님입니다.
예수 그리스도께서는 우리 그리스도인의 죄를 그의 보혈로 영원히 속량하시기 위하여 그의 피를 남김없이 다 쏟으시고 처절한 죽음을 거쳐 결국은 영광스러운 부활을 하셨습니다.

　-세 가지 축복을 설명합니다.
먼저 영이 살아난 복을 주셨고, 시냇물의 물살을 타고 노를 젓는 것 같고, 언덕 아래로 걸어서 내려가는 것과 같이 쉽고 가볍게 살 수 있는 환경에 임하는 복과 심신(心身)에 건강한 복을 주셨습니다.
예수 그리스도께서 십자가에서 인류의 삼대 재앙의 강물을 다 들이키는 것처럼 인류의 죄를 해독하시고 그 인류에게 세 가지 축복의 생명수의 강을 주셨습니다.

요한삼서 1장 2절에서, "사랑하는 자여 네 영혼이 잘 됨같이 네가 범사에 잘되고 강건하기를 내가 간구하노라".
마태복음 11장 28절부터 30절까지에서, "수고하고 무거운 짐진 자들아 다 내게로 오라 내가 너희를 쉬게 하리라 나는 마음이 온유하고 겸손하니 나의 멍에를 메고 내게 배우라 그러면 너희 마음이 쉼을 얻으리니 이는 내 멍에는 쉽고 내 짐은 가벼움이라 하시니라".

요한복음 7장 37절, 38절에서, "명절 끝날 곧 큰 날에 예수께서 서서 외쳐 이르시되 누구든지 목마르거든 내게로 와서 마시라 나를 믿는 자는 성경에 이름과 같이 그 배에서 생수의 강이 흘러나오리라 하시니"라고 말씀하는 세 가지 축복의 말씀을 상기해야 하겠습니다.

셋째, 먼저 할 것과 나중 할 것은 무엇입니까?
-영적인 삶입니다.
하나님을 먼저 섬기고 성수주일(聖壽主日)하며 기도와 말씀으로 하나님과 늘 교통해야 합니다. 그리고 힘껏 복음 전하는 전도자의 삶을 살아야 합니다.

-하나님과 범사에 함께 하는 삶입니다.
심고 거두는 천국 법칙을 통해 종자(씨앗)인 십일조 외에 주님 사업을 위해 심고, 소유하는 기쁨보다 더 큰 기쁨을 나누는 맛을 보면서 살아야 합니다.
마태복음 7장 12절에서, "그러므로 무엇이든지 남에게 대접을 받고자 하는대로 너희도 남을 대접하라 이것이 율법이요 선지자니라"

-건강한 삶입니다.
하나님의 성전인 우리 몸을 깨끗하게 해야 합니다. 정신적, 육체적 스트레스와 과로를 피하기 위해 엿새 동안 일하고 이레째는 주님 안에서 쉬어야 합니다.

고린도전서 6장 19절, 20절에서, "너희 몸은 너희가 하나님께로 부터 받은바 너희 가운데 계신 성령의 전인 줄을 알지 못하느냐 너희는 너희의 것이 아니라 값으로 산 것이 되었으니 그런즉 너희 몸으로 하나님께 영광을 돌리라"고 말씀합니다.

하나님이 창조하신 이 땅에 사실은 축복이 임해야 하는데, 그 반대로 재앙이 임하고 있습니다. 그 원인은 인간이 스스로 범하는 죄악된 모든 행위에서 비롯되고 있습니다. 그 증거를 하나님의 말씀은 낱낱이 밝혀주고 있습니다. 우리가 당하는 재앙을 우리 스스로에게서 발생하는 원인을 알았습니다. 거기서 그치지 않고 그 재앙을 이기고 승리와 복된 삶을 얻으려면 예수 그리스도의 복음으로 새롭게 변화되어 그를 믿는 믿음 가운데 항상 존재해야 할 것입니다. 왜냐하면 복음 안에는 영원한 생명과 축복, 그리고 재앙을 극복하는 능력과 믿음이 존재하기 때문입니다. 그렇게 할 때 우리는 담대하게 이 세상에 발생하는 재앙 안에서 그것을 물리치고 극복하여 생명력을 가지고 살아갈 수 있습니다.

현재 물음표 미래 마침표 컬럼집

절대적인 긍정이냐,
절대적인 부정이냐? - ①

Is it an absolute affirmation,
Absolute denial?-1

Column 26

모든 사람의 생각이 같을 수 없으며, 혹 생각이 다르면 행동도 다르게 나타나게 마련입니다. 대체적으로 이런 원인과 결과로 저마다의 잠재성향(潛在性向)이 형성하게 됩니다. 어떤 사람은 무슨 일이나 긍정적으로 생각하고 어떤 사람은 매사를 부정적으로 생각하게 됩니다. 그러므로 세상은 평화를 추구하거나 반대로 투쟁을 일삼는 일상(日想)이 벌어지고 있습니다.

긍정적인 사람은 관용과 사랑을 베풀게 되므로 거기서 지혜를 얻게 됩니다. 부정적인 사람은 탐욕과 분냄이 있어서 어리석음을 낳게 됩니다. 긍정적인 사람은 스스로 행복을 만들고 부정적인 사람은 스스로 불행을 생산해 갑니다. 긍정적인 성향은 관대한 마음으로 상대와 주변을 모두 편안하게 해주면서 그가 존재하는 것 자체가 향기로움을 선사(膳賜)하게 됩니다.

사람은 나면서부터 죄, 유혹, 정욕, 탐심, 질병, 고통, 가난, 미움, 절망, 죽음과 같은 수많은 부정적인 환경 가운데 성장하면서 자연적으로 부정적인 생각과 인격이 형성하게 됩니다. 그러므로 부정적 성격이 형성되는 데는 별로 힘 안 들여도 됩니다. 그러나 긍정적인 성격이 형성하는 데는 마음의 결단과 부단한 노력이 있어야 합니다. 그래도 긍정적인 성향을 갖추는 데는 한계가 있게 마련입니다.

우리는 하나님의 백성으로서 예수님을 구주로 믿고 그 말씀으로 교훈을 받아 순종하여 살아가면 절대적인 긍정적 삶을 살아갈 수 있습니다. 이 삶이 주님께서 원하시는 믿음 생활입니다.

　첫째, 짙은 어두움을 체험하며 얻는 절대 긍정입니다.
　－'죽음' 같은 절망엔 '생명'같은 소망의 반의어가 존재합니다.
전도자는 인생의 길은 노고(勞苦)라고 실토하면서 그 결국은 사망으로 귀결되면서 슬픔, 무기력, 절망, 좌절, 불행, 고독이 있다고 합니다. 우리가 살아가는 세상이라는 무대는 죽음(사망) 같은 절망이 엄습한다고 해도 과언(過言)이 아닙니다.

전도서 2장 22절, 23절에서, "사람이 해 아래에서 행하는 모든 수고와 마음에 애쓰는 것이 무슨 소득이 있으랴 일평생에 근심하며 수고하는 것이 슬픔뿐이라 그의 마음이 밤에도 쉬지 못하나니 이것도 헛되도다"라고 말씀합니다.

그뿐만이 아니라, 인류의 조상으로 인하여 죄와 사망이 들이닥치게 되었다고 사도 바울은 다음과 같이 고백하고 있습니다.

로마서 5장 12절에서, "그러므로 한 사람으로 말미암아 죄가 세상에 들어오고 죄로 말미암아 사망이 들어왔나니 이와 같이 모든 사람이 죄를 지었으므로 사망이 모든 사람에게 이르렀느니라"고 말씀합니다.

죽음만이 존재하는 것 같은 절망의 상황에서 생명 같은 소망의 반의어(反意語)가 반드시 존재하므로 우리는 생명을 찾아 소망스런 삶을 연출해야만 할 것입니다. 그것이 절대 긍정으로 연출하는 소망스러운 삶입니다. 그 소망의 삶으로 우리의 자존감을 더욱 높여야 할 것입니다.

  -사망의 음침한 골짜기에 처한 존재입니다.
보편적으로 생각해 보면, 다윗이 고백한 '사망의 음침한 골짜기'라고 읊조리는 고백은 어떤 곳입니까? 그곳은 마귀의 도전과 공격이 있는 공포스러운 곳이어서 피할 곳이 없는 곳입니다. 우리의 힘과 수단으로는 거기서 벗어날 힘도 방책(方策)도 없는 최악의 해로운 곳이므로 삶의 의욕을 잃고 타락하거나 좌절하기 십상입니다. 이런 사실을 외면한다면 거기서 소리 없이 패망하고 맙니다.

  -그 해로움을 극복해야 합니다.
반드시 우리 그리스도인은 해(害)를 받아야 하는 곳에서 두려워하지 않아야 합니다. 거기서 우리는 혼자가 아니라 연약하기 짝이 없는 나와 함께 동행하여 주시는 분이 계시는데, 그분은 나(자신)를 위해 죽으셨습니다. 부활하신 예수 그리스도를 구주로 모시고 그와 함께 공격과 해로움이 극심한 곳을 헤쳐가야 합니다 예수님은 절망과 큰 상처와 재기불능의 염려와 극도의 불안과 공포의 사망 권세를 생명의 빛으로 극복하게 역사해 주십니다. 우리 그리스도인은 기필코 어둠을 이기도록 주께서 나와 항상 함께 하며 지팡이와 막대기로 인도하여 지켜주므로 자신의 해로움을 기필코 극복해야 합니다.

　-넉넉히 이겨야 합니다.
우리를 사랑하시는 예수 그리스도 안에서 어떤 절망도 능히 극복할 수 있습니다. 사도 바울이 세계를 향한 선교 여행 중에 로마 교인을 향한 간증과 권면의 말씀을 굳게 붙잡고 확신 가운데 나간다면, 우리 그리스도인은 어디서든지 절대적 부정적인 문제를 절대적인 긍정으로 넉넉히 이길 수 있습니다.

로마서 8장 35절부터 39절까지, "누가 우리를 그리스도의 사랑에서 끊으리요 환난이나 곤고나 박해나 기근이나 적신이나 위험이나 칼이랴 기록된 바 우리가 종일 주를 위하여 죽임을 당하게 되며 도살당할 양 같이 여김을 받았나이다 함과 같으니라 그러나 이 모든 일에 우리를 사랑하시는 이로 말미암아 우리가 넉넉히 이기느니라 내가 확신하노니 사망이나 생명이나 천사들이나 권세자들이나 현재 일이나 장래 일이나 능력이나 높음이나 깊음이나 다른 어떤 피조물이라도 우리를 우리 주 그리스도 예수 안에 있는 하나님의 사랑에서 끊을 수 없으리라"는 말씀을 붙잡고 넉넉히 승리하기 위해 긍정적인 그리스도인이 되어야 합니다.

현재 물음표 미래 마침표 컬럼집

절대적인 긍정이냐, 절대적인 부정이냐? - ②

Is it an absolute affirmation,
Absolute denial?-2

Column **27**

둘째, 원수의 목전에서 상을 베푸심으로 절대 긍정을 이룹니다.

－원수 앞에서도 긍정적인 삶을 살아야 합니다.

다윗이 처한 환경은 원수의 목전과 같이 시도 때도 없이 사탄의 세력들이 다윗을 가만히 두지 않는 곳이었습니다, 다윗은 고백하며 주님께 도움을 요청하면 그때마다 주님께서 자신을 빈틈없이 보호 인도해주셨다고 감사로 고백하고 있습니다. 우리 그리스도인이 거주하는 모든 상황에 원수가 침범해 오고 있는데, 가정, 가족, 형제, 친구, 스승, 제자, 이웃, 사회, 나라, 민족 등 전방위 적입니다. 주님께 모두 맡기고 그 인도함을 받으면서 긍정적인 삶을 살 수 있습니다.

－내 안에 그리스도가 사심 같이 긍정적 삶을 살아야 합니다.

예수 그리스도를 우리(자신)의 주인으로 모시고 섬기고 살 때, 주님께서 나의 보호자, 인도자, 그리고 생명의 주관자가 되어주십니다. 우리 그리스도인을 패배시키기를 즐겨하는 원수가 우리를 향해 도전해 올 때라도 주께서 친히 그를 물리쳐 주시고 오히려 그 원수의 목전에서 상을 베푸신다고 약속하고 있습니다.

갈라디아서 2장 20절에서, "내가 그리스도와 함께 십자가에 못 박혔나니 그런즉 이제는 내가 사는 것이 아니요 오직 내 안에 그리스도께서 사시는 것이라 이제 내가 육체 가운데 사는 것은 나를 사랑하사 나를 위하여 자기 자신을 버리신 하나님의 아들을 믿는 믿음 안에서 사는 것이라"고 말씀합니다.

 -'원수의 목전에서 상(床) 베푸심'의 긍정을 이룹니다.
'상(床)을 베푸신다'의 말씀은 서로 얼굴을 마주하고 음식을 먹는다는 것입니다. 그에 더하여 '원수가 다윗을 해(害)하려는 상황(목전)에서도 그를 보호하시고 오히려 주님과의 긴밀한 결속과 언약적 관계를 만들어 다윗을 위로해 주신다는 것입니다.

예레미야 33장 3절에서, "너는 내게 부르짖으라 내가 네게 응답하겠고 네가 알지 못하는 크고 비밀한 일을 네게 보이리라".
고린도전서 2장 9절에서, "기록된바 하나님이 자기를 사랑하는 자들을 위하여 예비하신 모든 것은 눈으로 보지 못하고 귀로도 듣지 못하고 사람의 마음으로도 생각지 못하였다 함과 같으니라"고 말씀하고 있습니다.

-'기름으로 내 머리에 바르심'과 '잔이 넘치는 것"처럼,
　 절대 긍정을 이루게 됩니다.

주께서 우리 그리스도인에게 하나님의 영광을 위해 높이도록 성령
의 능력을 부어 주셔서 영적 권세로 무장하게 해주십니다. 날마다
우리 짐을 맡아주시고 주안에서 평안과 큰 기쁨을 주십니다. 그런
축복 가운데 절대적인 긍정의 믿음을 행사하게 됩니다.

　 셋째, 절대 긍정으로 여호와의 장막에 영원히 거합니다.
　 -육신의 장막 집입니다.

우리 그리스도인의 믿음의 대상이신 하나님은 완전하시고 부족함이
전혀 없으십니다. 그에 비하여 인간의 육체를 지닌 우리는 너무 부
족함이 많거나 완전함과는 거리가 멀어있습니다. 또 건강하다가도
건강이 무너지고 허약한 존재로 전락할 수도 있습니다. 이 세상에서
삶을 이뤄가는 동안에는 우리 자신의 인간 조건으로는 자랑할 데가
단 한 군데도 없다는 말에 절대 공감하게 됩니다.

시편 90편 3절부터 6절까지에서, "주께서 사람을 티끌로 돌아가게
하시고 말씀하시기를 너희 인생들은 돌아가라 하셨사오니 주의 목
전에는 천년이 지나간 어제 같으며 밤의 한순간 같을 뿐임이니이다.
주께서 그들을 홍수처럼 쓸어가시나이다 그들은 잠깐 자는 것 같으
며 아침에 돋는 풀 같으니이다. 풀은 아침에 꽃이 피어 자라다가 저
녁에는 시들어 마르나이다"라고 말씀합니다.

　 -세상에서 살아가는 삶의 집입니다.

성경은 증언하기를 모래 위에 지은 집처럼 믿음으로 행하지 않거나
인위적으로 사역한다면, 그에게는 바람이 불고 창수가 나면 다 무너

지고 만다고 합니다.

　-야웨의 집입니다.

이 세상이 지나고 나면 예수 그리스도께서 영원한 천국의 새 예루살렘에 우리 그리스도인을 영접해 주시므로 죽음을 극복하고 소망 속에서 절대 긍정으로 살아갈 수 있습니다. 우리 그리스도인에게 주님께서 당부하고 계시는 말씀에 유의하여 여호와의 장막집에 영원히 존재해 가야 합니다.

요한복음 14장 1절부터 3절까지에서, "너희는 마음에 근심하지 말라 하나님을 믿으니 또 나를 믿으라 내 아버지 집에 거할 곳이 많도다 그렇지 않으면 너희에게 일렀으리라 내가 너희를 위하여 거처를 예비하러 가노니 가서 너희를 위하여 거처를 예비하면 내가 다시 와서 너희를 내게로 영접하여 나 있는 곳에 너희도 있게 하리라"고 약속하고 있습니다.

예수 그리스도께서 약속하시되 하나님 계시의 말씀으로 정확하고 세밀하게 하고 계십니다. 새삼 생각해 보면, 이 얼마나 존귀하고 복된 약속입니까?

현재 물음표 미래 마침표 컬럼집

포도나무와 가지 - ①

Vine and Branch-1

Column 28

인간관계 문제는 삶의 전반에 걸쳐 크나큰 비중을 지니고 있습니다. 그만큼 인간관계가 중요합니다. 역사적으로 살펴볼 때 관계 문제는 창세기 3장으로 거슬러 올라갑니다. 첫 사람 아담과 하와는 하나님께서 주신 계명을 어기고 죄를 범하여 하나님과의 관계가 무너지고 말았습니다. 하나님과의 관계가 무너지면서 아담과 하와, 부부관계가 문제가 발생하고 서로 불신하였습니다. 그러므로 사람에게 생존하면서 인간관계는 중요한 이슈라서 카네기는 '인간관계론'에서 성공의 85%가 인간관계, 실력이 15%라고 했습니다.

포도나무와 가지 비유는 기독교에서 또 한국교회에서 강단에서 비유로 사용되는 정통적인 말씀이었습니다. 예수 그리스도께서 3년의 공생애 사역을 행하면서 제자들과 그를 따르는 무리에게 복음을 전하면서 말씀에 대한 비유를 풍성하게 사용하셨습니다. 당시 이스라엘 생활문화는 이스라엘 사람의 대부분이 목자이며, 포도와 밀 농사를 지었고 밀로 빵을 만들어 주식(主食)을 삼았습니다. 고기는 주로 양고기를 먹으며 음료는 포도주였습니다. 포도나무는 이스라엘 사람들에게 가장 친숙하고 많이 이용하는 식물 중 하나였습니다.

첫째, 포도나무와 가지의 관계입니다.
요한복음 15장 5절에서, "나는 포도나무요, 너희는 가지이다. 사람이 내 안에 머물러 있고, 내가 그 안에 머물러 있으면, 그는 많은 열매를 맺는다. 너희는 나를 떠나서는 아무것도 할 수 없다"라고 했습니다.

예수 그리스도는 자신을 참 포도나무라고 하셨고 하나님은 농부라고 하셨습니다. 포도원의 주인이시며 그 포도원을 경작하는 하나님과 자신과의 관계를 잘 말해주고 있습니다. 예수 그리스도는 이 말씀에서 무늬만 포도나무가 아니라 열매를 맺는 포도나무가 되기 위해서는 우리는 그리스도께 접붙여져야 한다고 포도나무와 가지의 역할 관계의 교훈을 밝히고 있습니다.

마태복음 16장 24절에서, "이에 예수께서 제자들에게 이르시되 누구든지 나를 따라오려거든 자기를 부인하고 자기 십자가를 지고 나를 따를 것이니라"고 주님께서 말씀했습니다.
최소한 우리가 포도나무처럼 열매를 맺기 위하여 자신의 존재하는 것과 더불어 자신이 십자가 지고 가는 고난도 함께 하는 것이어야 한다고 말씀하고 있습니다.

여기서 하나님은 예수님을 통하여 '인간 농사'(Human farming)를 짓고 계십니다. 사람을 가꾸고 양육하여 성장 시키되 옳게 만들어 간다는 것입니다. 물론 하나님은 전능하신 농부요, 예수님은 최상의 포도나무라고 하셨습니다. 그러나 포도농사는 포도나무에 붙어있는 연약한 가지인 우리 그리스도인을 통하여 열매를 거둘 수 있다는 것입니다. 그 때문에 좋고 풍성한 열매를 맺기 위해서는 가지인 성도의 삶의 방식이 철저히 포도나무의 속성과 같이 영성(spirituality)으로 훈련되어야만 합니다.

 -포도나무가 가지를 붙잡고 있습니다.
예수 그리스도는 우리 신앙의 든든한 나무로서 우리 그리스도인을 붙잡고 계십니다. 예수님이 우리를 창세 전에 택하시고 세우셨으며 지금도 붙잡고 계시므로 우리는 안전할 수밖에 없습니다.

 -포도나무가 든든하면 거친 폭풍우에도 가지는 안심하고 성장하는데 어려움을 극복해 가는 것입니다.
예수님은 인류 대속의 역사를 마치시고 다시 하늘에 오르사 하나님 보좌 우편에 앉아 계신 천지의 주재이십니다(Jesus is the master of heaven and earth). 예수님의 포도나무 뿌리는 깊이 박혀있어서 결코 흔들리지 않아서 그에게 붙어있는 우리 그리스도인은 언제나 옳게 성장하도록 든든한 환경임을 인정합니다.

마태복음 28장 18절부터 20절까지에서, "예수께서 나아와 말씀하여 이르시되 하늘과 땅의 모든 권세를 내게 주셨으니 그러므로 너희는 가서 모든 민족을 제자로 삼아 아버지와 아들과 성령의 이름으로 세례를 베풀고 내가 너희에게 분부한 모든 것을 가르쳐 지키게 하라 볼지어다 내가 세상 끝날까지 너희와 항상 함께 있으리라 하시니라"고 증언하고 있습니다.

둘째, 일은 포도나무가 합니다.
　-수분과 양분을 땅에서 끌어 올려서 가지에 공급하는 일은 눈에 보이지 않지만 나무의 뿌리가 그 역할을 감당하는 것입니다. 예수 그리스도의 포도나무의 뿌리는 갈보리 십자가이며 예수 그리스도는 우리에게 모든 은혜를 공급하신다는 것입니다,

　-예수님은 죄를 용서하는 은혜를 공급하심으로 그리스도인이 의롭게 살 수 있게 하시고 성령충만의 은혜를 공급하심으로 우리가 세상을 이기고 거룩한 삶을 살며 능력있게 전도하고 기도하게 하신다는 것입니다. 그리고 치료의 은혜를 공급하심으로 심신(心身)의 병을 극복하게 하시며, 형통의 복을 주심으로 항상 선한 일에 부요하게 하시고, 예수님이 죽음에서 부활하심으로 그리스도인도 사망을 이기고 천국에 들어갈 수 있는 축복을 공급해 주십니다.

로마서 8장 1절부터 4절까지에서, "그러므로 이제 그리스도 예수 안에 있는 자에게는 결코 정죄함이 없나니 이는 그리스도 예수 안에 있는 생명의 성령의 법이 죄와 사망의 법에서 너를 해방하였음이라 율법이 육신으로 말미암아 연약하여 할 수 없는 그것을 하나

님은 하시나니 곧 죄를 인하여 자기 아들을 죄 있는 육신의 모양으로 보내어 육신에 죄를 정하사 육신을 좇지 않고 그 영을 좇아 행하는 우리에게 율법의 요구를 이루어지게 하려 하심이니라"고 말씀하고 계십니다.

-가지가 잎과 꽃을 피우고 열매를 맺기 위해서는 전적으로 나무에 의지해야 합니다. 그러므로 가지인 그리스도인은 신령한 믿음과 은혜를 공급받고 하나님께 영광을 돌리기 위하여 전적으로 예수님을 의지해야 할 것입니다.

현재물음표미래마침표컬럼집

포도나무와 가지 - ②

Vine and Branch-1

Column *29*

셋째, 나쁜 가지는 정결하게 거듭나는 것입니다.

-정결함을 입은 사람은 예수 그리스도 안에 거해야 합니다.

요한복음 15장 1절부터 10절까지에서, '거한다'는 단어가 11번이나 기록되어 있습니다. '거한다'는 말은 계속 머문다(continue staying)는 뜻으로 교훈하는 말씀입니다. 사람이 무엇을 쫓아 무슨 생각을 하고 살았는가에 따라 그에 따른 자취(냄새)가 달라집니다. 사람이 돈과 탐욕을 쫓는 사람들에게서는 돈 자취, 탐욕 냄새가 영향력으로 피어나게 되어 있습니다. 티를 내려고 하지 않아도 그의 언행과 얼굴에 나타납니다. 그래서 자신이 행하는 직업은 속일 수 없다는 말로 표현하고 있습니다.

요한복음 15장 2절, 3절에서, "무릇 열매를 맺는 가지는 더 열매를 맺게 하려 하여 그것을 깨끗하게 하시느니라 너희는 내가 일러준 말로 이미 깨끗하여졌으니"라고 말씀하고 있습니다.

'깨끗하게 한다'란 가지치기의 전정(剪定)을 뜻합니다. 포도나무는 다른 나무와 달리 꽃도 아름답지 못하고, 벌레도 많이 끼어 관상용으로는 심지 않고 오직 열매 만을 얻기 위해 심겨집니다. 포도나무는 심은 후 보통 3년 후부터 열매를 거두며 그 가지는 어른 키 '2배 반 이상'이나 성장하는 속성을 지니고 있습니다.

예수 그리스도의 제자들은 가룟 유다와 달리 예수 그리스도의 십자가 보혈로 깨끗함을 받았습니다. 그러나 육(肉)의 몸을 가진 연약한 존재이므로 매일 발 씻음을 받아야 했고, 열매를 많이 맺도록 잔가지들을 가지치기하여 깨끗함을 받아야 했습니다. 이것은 교리적으로 그리스도인의 여정 중 간단한 세 과정을 말합니다. 그중 첫 단계는 예수님을 영접(믿음)하여 얻는 신분의 변화는 '중생'(Justification)이며, 다음 계속 깨끗해져 가는 '성화'(Sanctification)이며, 마지막에 천국에 입성하기 전까지 단계는 '영화'(Glorification)라는 것입니다.

구약성경에서는 민족의 지도자 모세와 이스라엘 왕국의 2대 왕 다윗이 출현합니다. 하나님은 모세를 이스라엘의 목자로 삼으시기 위해 80년간 연단하여 잔가지를 가지치기하여 이스라엘의 목자로 삼으셨습니다. 하나님은 또 다윗을 사람 막대기와 인생 채찍으로 잔가지를 가지치기하여 당시의 험악한 사회환경에서 백성들을 이끌어가는 단단한 지도자, 대왕으로 세우셨습니다.

예수님은 열매를 맺는 가지는 더 많이 맺도록 깨끗하게 하십니다. 예수님은 은혜 속에 사는 사람에게는 은혜를 더 주십니다. 감사하는 사람에게는 계속해서 감사할 일만 생기고, 원망하는 사람에게는 원망할 일만 생깁니다. 그렇다면 우리는 이제 어떤 삶을 살아야 합니까? 예수 그리스도 안에 거하여 어제보다 더 감사하고 오늘보다 더 은혜로운 삶을 살아서 정결한 삶으로 승리하는 그리스도인으로 살아가야 할 것입니다.

넷째, 가지인 그리스도인은 원하는 대로 구해야 합니다.
　-그리스도인은 꿈을 꾸어야 합니다.
시편 81장 10절에서, "네 입을 넓게 열라 내가 채우리라'고 약속한 하나님은 꿈을 통하여 성취하도록 역사한다는 것입니다.

　-그리스도인은 믿는 믿음을 창출해야 합니다.
예수 그리스도 그분께 우리 자신의 수고하고 무거운 짐을 맡기고 믿음으로 구하면 응답하신다는 것입니다. 에에 근거하여 믿음을 창출하여 기적의 역사를 드러내는 삶을 살아가야 할 것입니다.
마태복음 21장 22절에서, "너희가 기도할 때에 무엇이든지 믿고 구하는 것은 다 받으리라 하시니라"고 약속했습니다.

　-그리스도인은 부르짖어 기도해야 합니다.
창조적 일을 행하시는 하나님이 크고 비밀한 일을 보여 주고 계심을 믿어야 할 것입니다.

　-그리스도인은 긍정적으로 믿음을 선언해야 합니다.

부정적이고 후퇴하는 그리스도인의 삶의 자세는 아무 것도 이룰 수 없습니다. 예수님께서도 부정적인 사람에게 믿음의 그 어떤 것도 제공하지 않는다는 것입니다. 오직 긍정적 믿음의 선언은 예수님의 능력을 공급받는 통로가 된다는 것입니다. 하나님께서는 삶이 풍성한 열매로 복되기를 원하십니다. 우리는 그렇게 될 수 있습니다. 최고의 농부가 돌보시는 최상의 포도나무에 붙어있는 가지인 그리스도인을 영원히 붙잡고 계시기 때문입니다.

다섯째, 분명한 신앙고백이 있어야 한다.

포도나무 가지는 포도나무에서 끊어지면 아무 소용이 없습니다. 우리도 예수 그리스도를 떠나면 아무 소용이 없습니다. 사느냐, 죽느냐, 부하냐, 가난하냐, 출세하느냐가 중요한 것이 아닙니다. 예수님과 연합된 삶이 무엇보다도 더 중요하다는 것입니다.

예수 그리스도 없는 지식은 소용이 없습니다. 예수님 없이 배운 지식은 오히려 악이 될 수 있습니다. 예수님이 없이 돈을 잘 버는 사람은 자신은 물론 가정과 나라까지 망칠 수 있습니다. 요즘 잘 나가던 정치인 아들이 보약인 줄 알고 50억 원을 퇴직금으로 받았습니다. 그런데 그것이 독약이 되어 부자가 곤경에 빠졌습니다. 예수님이 없는 돈은 보약이 독약이 됩니다.

그렇다면 지금 우리는 어떠합니까? 예수 그리스도를 믿는다고 하면서도 예수님 없이도 무슨 일을 할 수 있다고 생각하지 않습니까? 우리는 예수 없는 삶은 모두가 헛되다는 고백, 그런 분명하고 마음 깊은 곳에서부터 우러나오는 고백이 있어야 합니다.

합하여 더 좋은 결과를 도출합니다

Combined to produce good results

Column 30

우리 그리스도인은 천국 백성이면서 천국에 거주하지 못하고 죄악이 넘쳐나는 세상에서 거주하고 있는 존재임을 부인할 수 없습니다. 거기에 슬픔과 고통의 수렁에 빠져 허우적거리는 삶을 살아가는 가련한 것 같은 존재라고 말해도 지나치지않습니다. 그러나 우리가 알아야 할 진리가 있습니다. 세상에 둘러싸여 사는 우리에게 위험과 위기만 있고 아무런 혜택이나 보호가 없는 것처럼 보일 수도 있지만 실제는 그렇지 않다는 것입니다.

본 컬럼의 주제와 같이 '모든 것이 합하여 좋은 결과를 도출하는 것'은 하나님 그분에 관한 진리라고 말할 수 있습니다. 하나님의 뜻은 예수 그리스도를 믿고 나가면 어떤 일을 만나도 그 결과는 합하

135

여 좋은 일을 도출하게 된다는 약속의 말씀이 우리에게 나타나고 있습니다. 말씀을 마음속에 간직하면서 평안할 때나 어려울 때나 긍정적이고 적극적인 마음을 지니고 살아가도록 하는 것이 무엇보다 중요하다고 할 수 있습니다.

첫째, 하나님을 사랑하는 자를 위해 일하심
-하나님을 사랑하면 마음과 몸으로 늘 함께하는 것입니다.
하나님을 자신의 삶의 조건에서 최우선으로 생각하며 살아갈 때 하나님이 우리와 함께 하십니다.

시편 91:14절에서, "하나님이 이르시되 그가 나를 사랑한즉 내가 그를 건지리라 그가 내 이름을 안즉 내가 그를 높이리라"고 말씀하고 있습니다.

-하나님을 사랑하면 희생적으로 섬길 수 있습니다.
예수 그리스도의 대속(代贖)에 감사하여 정성과 시간과 물질을 드려 하나님을 섬기고 봉사할 때 넘치는 은혜와 복을 주시고 계십니다(사 56:2, 말3:10).

-하나님을 사랑하면 늘 기뻐하고 자랑하게 됩니다.
우리가 하나님을 찬양하고 그 이름을 세상에 증거하면 하나님이 우리를 신실하게 붙들어 주셔서 믿음으로 살 수 있으며 협력하여 선을 이룰 수 있습니다(시103:1-2).

둘째. 그 뜻대로 부르심을 받아야 함

-하나님의 뜻을 거역한 천사 루시퍼를 살펴봅니다.

성경엔 타락한 천사의 모습이 나타납니다. 사탄으로 타락하기 전엔 그는 천사로서 하나님을 받들고 하나님에게 수종을 들어야 했습니다. 그러나 천사라는 고유의 임무를 저버리고 그 위치를 벗어나 하나님의 보좌를 탐냈습니다. 자기의 분수를 뛰어넘어 교만하여 하나님의 부르신 뜻을 거역했습니다.

이사야 14:12-15절에서, "… 내가 하늘에 올라 하나님의 뭇 별 위에 내 자리를 높이리라 내가 북극 집회의 산 위에 앉으리라 가장 높은 구름에 올라가 지극히 높은 이와 같아지리라 하는도다 그러나 이제 네가 스올 곧 구덩이 맨 밑에 떨어짐을 당하리로다"라고 말씀합니다.

-하나님의 부르심을 거역한 아담을 살펴 봅니다.

인류의 시조 아담은 마귀의 유혹(꾐)에 넘어가 하나님처럼 되고자 탐욕으로 자기 분수를 뛰어넘어 교만하여 하나님의 말씀을 불순종하여 죄악의 나락으로 떨어지고 말았습니다(창3:4-6).

-하나님의 뜻대로 부르심을 받으려면 어떻게 해야 합니까?

하나님을 섬기고 예수님의 구속을 통하여 구원받은 하나님의 백성은 예수님의 십자가 죽으심으로 육적인 본성과 이기적 탐심을 버려야 합니다. 그리고 주님께서 주신 사명에 충성하며 주님 뜻에 절대 복종해야 할 것입니다(마25:21, 골3:5).

이사야 53장 10절에서, "여호와께서 그에게 상함을 받게 하시기를 원하사 질고를 당하게 하셨은즉 그의 영혼을 속건제물로 드리기에 이르면 그가 씨를 보게 되며 그의 날은 길 것이요 또 그의 손으로 여호와께서 기뻐하시는 뜻을 성취하리로다"라고 말씀합니다.

　셋째, 모든 것이 합력하여 선을 이룸
　-하나님은 만세 전에 이미 우리를 아셨습니다.
하나님께서 영원 전부터 우리를 선택해 주셨습니다. 그리고 예수 그리스도 안에서 기뻐하심으로 우리를 그의 자녀가 되게 하셨으며 신령한 복을 주셨습니다(엡1:4-5).

　-하나님께서 우리의 앞 일을 아시고 준비하셨습니다.
전지전능하신 속성을 지니신 하나님은 우리의 미래를 다 아시고 계셨습니다. 우리가 어떻게 하실 것을 이미 아시고 그것을 준비해 놓으셨습니다. 우리가 하는 일을 계획하셨으며, 좁게는 성공과 실패 등을 섭리하시며 선하신 뜻 가운데 예비해 두셨습니다.

고린도전사 2장 9절에서, "기록된바 하나님이 자기를 사랑하는 자들을 위하여 예비하신 모든 것은 눈으로 보지 못하고 귀로도 듣지 못하고 사람의 마음으로도 생각지 못하였다 함과 같으니라".
시편 139편 16절에서, "내 형질이 이루기 전에 주의 눈이 보셨으며 나를 위하여 정한 날이 하루도 되기 전에 주의 책에 다 기록이 되었나이다"고 말씀합니다.

　-주님을 의지하는 자를 위해 이루십니다.
하나님께서 우리를 위해 그의 사역을 행하시고 성취하시는 분이십니다. 그분께 우리의 길을 기도로 맡기고 의지하면 하나님이 이루어 주십니다.

시편 37:5, 6절에서, "네 길을 여호와께 맡기라 그를 의지하면 그가 이루시고 네 의를 빛 같이 나타내시며 네 공의를 정오의 빛 같이 하시리로다"라고 말씀합니다.

  -악을 선으로 바꾸십니다.
하나님을 사랑하고 그 뜻대로 살아가면 우리에게 좋은 일뿐 아니라 나쁜 일도 합력하여 종국(終局)에 선한 일이 되게 하시므로 낙심치 말아야 합니다.

창세기 50장 20절에서, "당신들은 나를 해하려 하였으나 하나님은 그것을 선으로 바꾸사 오늘과 같이 많은 백성의 생명을 구원하게 하시려 하셨나니"라고 말씀합니다.

하나님께서 누구와 동행하시기를 원하실까요? 그것은 하나님을 뜨겁게 사랑하는 자가 하나님을 진심으로 섬길 수 있습니다. 그런 사람은 하나님의 뜻 앞에서 자신의 생각이나 고집을 내세우지 않고 오히려 하나님의 뜻에 겸허히 순종하는 자세로 무릎 꿇는 사람입니다. 하나님은 그런 사람과 언제나 함께하십니다. 그뿐 아니라 동행하는 그 사람을 통해서 하나님은 위대한 일을 이루어 갈 것이며 이 세상의 구원사역의 주역(主役)으로 사용하실 섭리가 분명하게 나타날 것으로 믿습니다.

현재 물음표 미래 마침표 컬럼집

심는 대로 거두는
합리적 법칙입니다

Combined to produce good results

Column 31

'심는 대로 거둔다'라는 원리는 하나님의 만고불변(萬古不變)의 법칙입니다. 우리 속담에도 "콩 심은 데 콩 나고 팥 심은 데 팥 난다"는 말이 있습니다. 아무것도 심지 않으면 열매도 없이 가시넝쿨에 잡초만 무성할 뿐이기 때문입니다. 이러한 합리적 법칙은 자연 질서 안에서 충분히 발견할 수 있습니다. 가령 추수를 바라는 농부는 반드시 자기의 밭에 씨앗을 심어야만 농부로서 풍성한 추수(秋收)를 기약할 수 있습니다. 농부가 어떤 품종, 질, 그리고 양질의 씨앗을 심었느냐에 따라 그 수확은 확연히 달라질 수 있습니다. 이렇듯 생성(生成)하고 소멸(消滅)하는 모든 자연 질서는 이러한 하나님의 법칙에서 예외일 수 없습니다.

첫째, 성령을 좇아 사는 삶으로 영생을 거둘 수 있습니다.

그것은 성도들의 영적인 질서에 있어서도 마찬가지입니다. 갈라디아서 6장 8절에서, "자기의 육체를 위하여 심는 자는 육체로부터 썩어질 것을 거두고 성령을 위하여 심는 자는 성령으로부터 영생을 거두리라".

이 말씀의 교훈은 그리스도인이 세상 즐거움을 따라 제멋대로 행한다면 그에게는 단지 부패하고 무가치한 것들만이 되돌아올 것이지만, 반면에 그가 성령을 좇아 사는 삶을 영위한다고 한다면 그는 영원한 생명을 열매로 거두어들일 것이라고 말씀합니다.

그러므로 무엇이든지 심어야 거둘 수 있는데, 적게 심으면 적게 거두고 많이 심으면 많이 거둡니다. 추수감사절 같은 절기는 그리스도인이 각자가 심은 것을 거두고 하나님께 감사드리는 특별한 절기가 필요한 것입니다.

하지만 현재 우리 주위에서 벌어지고 있는 일들은 이 원리와는 사뭇 다른 것처럼 보여집니다. 사람들이 심은 대로 거두는 것이 아니라 자신이 심지 않은 것까지 모조리 거두어 가는 것 같습니다. 가령 부당한 방법으로 다른 사람의 이익을 가로채거나, 다른 사람의 약점을 이용하여 자신의 이익을 위한 꼭두각시로 만들어 버리는 것 등, 자신의 눈앞의 이익을 위해서는 인륜도 도덕도 환경도 도무지 고려하지 않는 자들이 오히려 더 잘되며 더 풍성히 수확하는 것처럼 보여질 수 있다는 것입니다.

갈라디아서 6장 7절에서, "스스로 속이지 말라 하나님은 업신여김을 받지 아니하시나니 사람이 무엇으로 심든지 그대로 거두리라".

하나님께서는 만고불변의 법칙, 합리적인 법칙을 세워두시고 말씀으로 늘 우리에게 교훈하고 있음은 시간과 정성을 시행착오하여 헛된 일에 쏟지 말고 옳고 바른 일에 쏟으라고 교훈하고 있는 것은 성령을 좇아 삶으로 영원한 생명을 거둘 것을 요구하는 것입니다.

둘째, 자연 속에서 심고 거두기를 잘해야 합니다.
–농부의 본심은 논과 밭을 가꿀 때 발견할 수 있는데, 풍성한 열매를 얻기 위해서는 옥토(沃土)에 심고 잘 가꾸어야 할 것입니다. 마태복음 13장 3절부터 8절까지에서, 농부가 씨를 뿌리는 각 종류의 밭이 등장하고 있습니다. 그것은 길 가의 밭, 흙이 얕은 돌밭, 가시떨기가 깔려있는 밭, 그리고 좋은 땅, 옥토의 밭에 씨를 뿌리게 된다고 비유로 교훈하고 있습니다.

–잘 가꾸어야 한다고 말하고 있습니다.
농부가 농사짓는 과정에서 김을 매고 비료를 주며 병충해를 방지할 뿐만 아니라 가뭄과 홍수를 대비한 수리 시설을 잘해서 씨가 잘 자라도록 하는 것입니다.

고린도전서 3장 6절, 7절에서, "나는 심었고 아볼로는 물을 주었으되 오직 하나님께서 자라나게 하셨나니 그런즉 심는 이나 물 주는 이는 아무 것도 아니로되 오직 자라게 하시는 이는 하나님뿐이니라"고 말씀하고 있습니다.
.
–우리나라 농사는 대부분 극심한 자연재해까지 극복하고 대체적으로 풍년을 누리는 것으로 나타나고 있습니다.

시편 50편 23절에서, "감사로 제사를 드리는 자가 나를 영화롭게 하나니 그의 행위를 옳게 하는 자에게 내가 하나님의 구원을 보이리라'"고 말씀하고 있습니다.

  셋째, 십자가 복음 중심으로 합력하여 좋은 결과를
         거둬야 합니다.
  -요한삼서 1장 2절에서, "사랑하는 자여 네 영혼이 잘됨 같이 네가 범사에 잘되고 강건하기를 내가 간구하노라"의 말씀은 세 가지 축복의 복음 말씀을 강조하면서 합력하여 좋은 결과를 이루는 것을 요구하고 있습니다.
  -누가복음 4장 18절, 19절에서 "주의 성령이 내게 임하셨으니 이는 가난한 자에게 복음을 전하게 하시려고 내게 기름을 부으시고 나를 보내사 포로 된 자에게 자유를, 눈 먼 자에게 다시 보게 함을 전파하며 눌린 자를 자유롭게 하고 주의 은혜의 해를 전파하게 하려 하심이라 하였더라"라고 희망의 복음 씨앗을 뿌려서 모든 것이 합력하여 좋은 일을 이룰 것을 말씀하고 있습니다.

  -이사야 53장 5절에서, "그가 찔림은 우리의 허물 때문이요 그가 상함은 우리의 죄악 때문이라 그가 징계를 받으므로 우리는 평화를 누리고 그가 채찍에 맞으므로 우리는 나음을 받았도다"라고 말씀하고 있습니다.

이 말씀들은 십자가를 중심한 복음 씨앗을 예수 그리스도의 십자가 대속의 죽음으로 인하여 인간의 죄와 가난과 질병과 저주에서 해방되고 영생을 얻어 천국의 기업까지 확장해 가는 것을 교훈하고 있습니다. 분명히 심는대로 거두는 결과는 축복이고 은혜입니다. 그러나 심는 것을 가꾸는 과정에서 고난이 필요하고 혼란을 극복해 가야 합니다. 온갖 고난의 과정을 거쳐야만 보람된 추수를 할 수 있으므로 추수라는 결과는 그저 하나님께 감사하지 않고는 견딜 수 없는 감격 가운데 놓이게 되는 것입니다.

하나님께서는 바로 이러한 추수의 고정에서 그리스도인이 드리는 감사로 일관된 제사의 향기를 흠향(歆饗)하십니다. 또 영화(榮華)로움을 느끼고 계신다는 것입니다. 이러한 합리저인 법칙대로 진리를 심고 바르고 옳은 것을 거두고 하는 반복적인 과정에서 오직 그분, 하나님께만 영광을 돌려드려야 하지 않습니까?

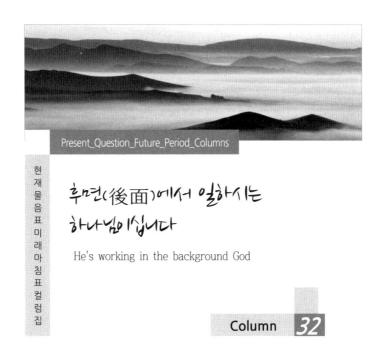

후면(後面)에서 일하시는
하나님이십니다

He's working in the background God

Column 32

늘상 하나님께서 말씀하고 싶은 일이 있다면, 바로 그곳이 '성경'(The Bible)이라는 현장이 됩니다. 하나님의 본성을 알려면 '하나님의 속성'(the attribute of God)을 잘 간파해야 합니다. "하나님이 보이십니까?"라는 질문 앞에서 그리스도인이 해야 할 답은 무엇일까요? 그것은 "하나님은 안 보입니다"라는 대답일 수밖에 없습니다.

'인간의 속성'(the attribute of Man)은 자기 자신을 과시하거나 들추어내거나 해서 자랑하는 습관에 자연적으로 물들어 있다면, 그에 반하여 하나님께서는 인간의 본성과는 다르게 기적을 베풀거나 큰 역사를 나타내실 때 자신를 드러내지 않는다는 것입니다. 하나님은 자신을 드러내려고 하지 않으십니다. 이 의미는 대신 자신의 속성을 강조하고 싶은 마음이 있다는 것입니다.

그러므로 이런 케이스를 앞에 두고 주제를 잡는다면 "후면(後面)에서 일하는 하나님"(God working behind the scenes)으로 달겠습니다. 그렇다고 해서 하나님은 보이지 않는다 해서 일을 하지 않는 분이 아닙니다. 다만 하나님은 역사하고 일하실 때 스스로 드러내지 않으실 뿐입니다. 그러나 분명한 것은, 하나님은 지금도 항상 우리의 후면(배후)에서 역사하고 계십니다.

첫째, 후면에서 역사하는 영향력은 기도를 통해 나타납니다.
  -대리전쟁입니다. 이스라엘 백성이 40년 광야 길에서 행진을 계속할 때, 르비딤 광야에 이르렀을 때, 아말렉 군대가 이스라엘을 공격해 왔습니다. 이에 대한 영적(靈的)인 교훈은 아말렉은 마귀의 군대요, 여호수아는 하나님의 군대로서 대리전쟁이 시작되었습니다.

출애굽기 17장 10절부터 13절까지에서, "여호수아가 모세의 말대로 행하여 아말렉과 싸우고 모세와 아론과 훌은 산꼭대기에 올라가서 모세가 손을 들면 이스라엘이 이기고 손을 내리면 아말렉이 이기더니 모세의 팔이 피곤하매 그들이 돌을 가져다가 모세의 아래에 놓아 그로 그 위에 앉게 하고 아론과 훌이 하나는 이편에서, 하나는 저편에서 모세의 손을 붙들어 올렸더니 그 손이 해가 지도록 내려오지 아니한지라 여호수아가 칼날로 아말렉과 그 백성을 쳐서 파하니라"라고 하나님께서 후면(배후)에서 일하는 하나님을 증언합니다.

6.25 한국전쟁은 한 동족끼리 싸운 전쟁입니다. 실상은 자유진영과

공산진영의 싸움이었습니다.

-모세의 기도와 전쟁의 승패입니다. 모세가 산 위에서 손을 들고 기도하면 하나님의 능력이 여호수아에게 임하여 이겼으나 피곤하여 팔을 내리면 아말렉이 이겼습니다. 이런 케이스의 전쟁은 성경에서 독특한 기록으로 증언하고 있습니다. 거기서 제사장 아론과 훌이 나오는데 훌이 양손을 받치고 함께 기도하여 큰 승리를 거두었다는 것입니다.

우리 그리스도인은 이런 전쟁을 앞두고 실행해야 할 일이 있습니다. 그것은 예레미야 33장 3절에 "너는 내게 부르짖으라 내가 네게 응답하겠고 네가 알지 못하는 크고 은밀한 일을 네게 보이리라"라는 기도에 대한 하나님의 약속의 말씀입니다. 위기가 닥치고 고난이 몰려오면 그에 대한 상황을 상세하게 아뢰고 거기서 하나님께서 후면에서 역사하도록 기도하고 그 응답을 받는 것입니다.

둘째, 이스라엘의 운명을 결정한 후면의 힘입니다.
-홍해에서의 결전(決戰)입니다. 이스라엘 백성이 애굽에서 430년 동안 노예로 지냈습니다. 그 후 이스라엘 백성이 해방되어 출애굽하면서 홍해에 도착했을 때 바로와 애굽 군대가 뒤쫓아와 절망적 위기에 처했습니다.

-이스라엘 백성의 운명의 결정은 후면(後面)의 힘에 있었습니다. 모세는 기도를 드린 후 하나님이 이스라엘을 위해 싸워주시니 두려워 말고 능력을 지켜보라고 했습니다. 하나님이 홍해를 가르셔서 그

들은 마른 길로 건넜으나 뒤쫓은 바로의 군대는 모두 물에 수장(水葬)되어 죽었다고 했습니다.

출애굽기 14장 13부터 14절에서, "모세가 백성에게 이르되 너희는 두려워 말고 가만히 서서 여호와께서 오늘날 너희를 위하여 행하시는 구원을 보라 … 여호와께서 너희를 위하여 싸우시리니 너희는 가만히 있을지니라"라고 말씀하십니다. 이는 하나님께서 후면에서 이스라엘 백성을 위해 대리전으로 전쟁을 하실 때, 이스라엘은 다만 그 현장에서 하나님께서 맹렬하게 싸우는 모습을 지켜보면서 그 능력에 붙잡혀 승리하기를 바라고 전적으로 역사해 주셨습니다.

셋째, 우리 그리스도인의 발걸음은 하나님이 움직이십니다.
요셉은 참으로 억울한 삶을 살았으나 고난 중에도 하나님이 함께 하셨음을 성경이 증언하고 있습니다.
잠언 16장 1절부터 9절까지에서, "마음의 경영은 사람에게 있어도 말의 응답은 여호와께로서 나느니라 사람이 마음으로 자기의 길을 계획할지라도 그 걸음을 인도하는 자는 여호와시니라".

   -창세기 37장 3절부터 4절까지에서 요셉의 운명과 그의 형들의 문제입니다. 요셉의 형들이 그를 시기하여 죽이려고 빈 구덩이에 던졌습니다.
   -창세기 37장 28절에서, 요셉의 운명과 노예 상인들의 문제입니다. 미디안 상인들에게 종으로 팔렸습니다.
   -창세기 39장 20절부터 21절에서, 요셉의 운명과 보디발의 부인의 문제입니다. 요셉이 보디발 부인의 유혹을 뿌리치자 억울한 누명

을 씌웠습니다.

　-창세기 40장 21절부터 23절까지에서, 요셉의 운명과 감옥생활의 문제입니다. 감옥에서 요셉은 두 장관의 꿈을 해석해 준대로 실행되었습니다.

　-창세기 50장 20에서, 요셉의 운명과 바로 왕의 문제입니다. 요셉은 바로의 꿈을 해석해 주어 30세에 애굽의 총리가 되었으며 기근 때 많은 생명을 구하고 부친과 형들도 부양하고 화해했습니다.

창세기 41장 39절부터 41절까지에서, "요셉에게 이르되 하나님이 이 모든 것을 네게 보이셨으니 너와같이 명철하고 지혜 있는 자가 없도다 … 바로가 또 요셉에게 이르되 내가 너로 애굽 온 땅을 총리하게 하노라"라고 하나님께서 후면에서 역사하시는 광경을 기록하고 있습니다.

이렇게 인간은 누구도 자신의 미래를 알 수 없고 다가오는 문제를 해결할 능력이 없어 항상 불안할 수밖에 없습니다. 그러나 그리스도인의 삶이 그리스도인에 의하여 결정되는 것이 아니고 후면(배후)에서 일하시는 하나님에 의한 것을 알게 되면 우리는 마음속에 늘 평안을 갖고 신념 있는 삶을 살 수 있습니다.

현재물음표미래마침표컬럼집

자기를 비워야 하나님 뜻이 이뤄집니다

Self-emptying God's will is fulfilled

Column *33*

그리스도인이 진실로 하나님의 뜻대로 살려면 우리 마음 속의 탐욕을 비워야 합니다. 믿음의 조상 아브라함이 많은 시련과 연단을 통해 조금씩 자기를 비우게 된 그 과정을 살펴보면서 진리의 교훈을 얻어야 하겠습니다.

첫째, 아브라함은 하나님의 부르심을 입었습니다.

　-하나님은 평범한 가정에서 태어나고 평범하게 성장하고 있던 아브라함을 75세 때 부르시고 하나님의 기업과 후손을 약속하셨습니다.

창세기 12장 1절부터 3절까지에서, "… 너는 너의 본토 친척 아비 집을 떠나 내가 네게 지시할 땅으로 가라 내가 너로 큰 민족을 이루고 네게 복을 주어 네 이름을 창대케 하리니 너는 복의 근원이 될찌라 너를 축복하는 자에게는 내가 복을 내리고 너를 저주하는 자에게는 내가 저주하리니 땅의 모든 족속이 너를 인하여 복을 얻을 것이니라"라고 약속하신 하나님의 말씀입니다.

　-그리스도인은 하나님이 주신 꿈을 얻기 위하여 자기의 삶을 포기해야만 했습니다. 하나님의 부르심을 받은 하나님의 백성은 이 세상과 세상을 사랑하는 마음을 단호하게 포기해야 할 것입니다.

　둘째, 자기를 비우지 않은 순종은 받지 않습니다.
　-아브라함은 하나님께서 그의 본토, 친척, 아비 집을 온전히 떠나라고 요구하셨지만, 그 명령을 지키지 못하여 자신의 종들과 재물, 그리고 조카 롯까지 데리고 나왔습니다. 아브라함이 하나님께서 요구하시는 절대적인 명령에 불응한 것은 자신의 육적인 조건에서 탈피하지 못하므로 하나님의 준엄한 명령을 어기고 말았습니다.

　-아브라함이 미련을 버리지 못한 세상에 대하여 마음을 비우게 하시려고 가나안에 대기근이 닥치게 하셨습니다.
창세기 12장 10절에서, "그 땅에 기근이 들었으므로 아브람이 애굽에 거류하려고 그리로 내려갔으니 이는 그 땅에 기근이 심하였음이라"고 말씀하고 있습니다.

　-하나님의 뜻을 거스리는 육적인 생각, 마음 등은 탐욕입니다. 그리고 탐욕은 곧 우상숭배라고 성경은 교훈하고 있습니다.
야고보서 1장 2절부터 4절까지에서, "내 형제들아 너희가 여러 가지 시험을 당하거든 온전히 기쁘게 여기라 이는 너희 믿음의 시련이 인내를 만들어 내는 줄 너희가 앎이라 인내를 온전히 이루라 이는 너희로 온전하고 구비하여 조금도 부족함이 없게 하려 함이라".
세상의 육적 조건은 시험을 가져다 주지만 그에 따른 시련을 믿음으로 극복하기 위해 참고 인내하여 온전하고 건강한 그리스도인이 되는 것을 하나님께서 요구하고 계신다는 것입니다.

셋째, 자기 길로 가는 아브라함입니다.
  -그는 기근을 이기지 못해 가나안을 떠나 조카 때문에 세상을 상징하는 애굽으로 갔습니다. 그리고 그곳에서 아내를 누이로 속여 바로에게 아내를 빼앗길 뻔한 위기를 당했습니다.
창세기 12장 11절부터 13절까지에서, " … 애굽 사람이 그대를 볼 때에 이르기를 이는 그의 아내라 하여 나는 죽이고 그대는 살리리니 원하건대 그대는 나의 누이라 하라 그러면 내가 그대로 말미암아 안전하고 내 목숨이 그대로 말미암아 보존되리라 하니라"고 말씀합니다.

  -하나님께서 아브라함에 대해 오묘하게 섭리하시므로 극한 상황의 위기에서 아내를 찾게 되었습니다. 또 아브라함은 애굽에서 나올 때도 아비(조상) 집을 떠나지 못했습니다.

창세기 13장 1절부터 2절까지에서, "아브람이 애굽에서 그와 그의 아내와 모든 소유와 롯과 함께 네게브로 올라가니 아브람에게 가축과 은과 금이 풍부하였더라"라고 당시 아브라함의 풍부한 세상적 조건을 일일이 보여주고 있습니다.

넷째, 탐욕을 버리지 않으면 시련도 떠나지 않습니다.

 -가나안에서 조카 롯의 소유가 많아져서 아브라함과 롯을 위해 일하는 목자끼리 서로 다투게 되었습니다(창 13:5-7). 그러나 벌판을 펼쳐진 땅을 선택하기 직전에 아브라함이 롯에게 먼저 조건이 땅을 선택하도록 하여 아브라함은 비로소 자기를 비웠습니다.

 -그 후 하나님은 아브라함에게 가나안 사방을 바라보게 하시고 그에게 공급할 것을 확인하게 하여 축복으로 주셨습니다.
창세기 13장 14절부터 17절까지에서, "롯이 아브람을 떠난 후에 여호와께서 아브람에게 이르시되 너는 눈을 들어 너 있는 곳에서 북쪽과 남쪽 그리고 동쪽과 서쪽을 바라보라 보이는 땅을 내가 너와 네 자손에게 주리니 영원히 이르리라 내가 네 자손이 땅의 티끌 같게 하리니 사람이 땅의 티끌을 능히 셀 수 있을진대 네 자손도 세리라"고 말씀했습니다.

 다섯째, 또 다른 탈선이 나타났습니다.
 -하나님은 아브라함에게 하늘의 별같이 많은 후사를 주실 것을 약속하셨습니다.
창세기 15장 5절, 6절에서, "그를 이끌고 밖으로 나가 가라사대 하늘을 우러러 뭇별을 셀 수 있나 보라 또 그에게 이르시되 네 자손이 이와 같으리라 아브람이 여호와를 믿으니 여호와께서 이를 그의 의로 여기시고"라고 기록하고 있습니다.

 -아브라함의 탈선은 하나님의 뜻을 버리고 사라의 권고로 여종 하갈을 취해 이스마엘을 낳았습니다(창 16:3).

그 결과 탐욕은 죄와 사망을 가져왔고, 아브라함을 비롯하여 가정과 중동에서 평화를 잃고 참담해 가고 말았습니다(창 21:10).

여섯째, 자아를 완전히 비운 아브라함입니다.

-아브라함은 백세에 낳은 독자 이삭을 제물로 드리라는 명령에 애착을 버리고 순종했습니다(창 22:1-12). 아브라함은 순종하기가 절대 불가능한 상황에서 그렇게 하므로 그 순간 하나님은 이삭 대신 수양을 예비하시고 축복의 약속을 재확인하셨습니다.

창세기 22장 15절부터 18절까지에서, "… 네가 이같이 행하여 네 아들 네 독자도 아끼지 아니하였은즉 내가 네게 큰 복을 주고 네 씨가 크게 번성하여 하늘의 별과 같고 바닷가의 모래와 같게 하리니 네 씨가 그 대적의 성문을 차지하리라 또 네 씨로 말미암아 천하 만민이 복을 받으리니 이는 네가 나의 말을 준행하였음이니라 하셨다 하니라

아브라함을 믿음의 조상 삼은 분은 삼위 하나님 중 성부 하나님입니다. 구약의 아브라함의 믿음의 계보(系譜)를 통해서 신약시대까지 이어지며 성자이신 예수 그리스도가 하나님의 구속(Redemption)을 이루기 위해 자신의 영광과 위치를 포기하고 십자가에 죽으심으로 인류구원의 대속과 부활의 영광을 드러냈습니다. 우리 그리스도인도 이를 따라 자기를 비우고 육신적 탐욕을 십자가에 못 박아야 그때 하나님의 영광이 드러나고 하나님 나라가 확장될 것이 뻔합니다.

현재물음표미래마침표컬럼집

고난 속에서 피는
부활의 꽃

The flower of resurrection
in hardship

Column 34

그리스도인이 삶의 길을 걸어가는 중에 고난을 당해 어려움에 처한 이가 있다면 그는 기도해야 할 것이라고 권면하고 있습니다. 또 한 편으로 즐거워하는 이가 있다면 찬송하라고 이릅니다(약 5:13). 우리 그리스도인에게 예기치 않게 다가오는 여러 가지 시험과 환난을 자신의 힘으로는 막아설 수가 없다는 것입니다. 그러나 그 시험과 환난을 통할 때 우리 가슴 속에 하나님께 대한 굳센 믿음으로 그것을 극복해 나갈 수 있으며, 그 믿음의 근원은 바로 부활의 씨앗이 된다고 합니다. 그리스도인의 굳센 믿음이 고난을 뚫고 아름답게 꽃 피우는 이치와 같이 믿음은 부활 생명의 신비한 법이기 때문입니다.

그러므로 예수 그리스도께서는 요한복음 11장 40절에서, "네가 믿으면 하나님의 영광을 보리라"고 말씀하고 계십니다.

첫째, 요셉의 고난과 그의 믿음입니다.

-야곱의 아들 12형제 중 요셉은 11번째로 그 형제 중에 가장 믿음이 충실했습니다. 요셉은 두 번의 예언적 꿈을 꾸고, 그 꿈 때문에 형들에게 미움을 받았습니다(창 37:7-11). 그 결과 요셉에게 혹독한 시련이 닥쳐왔습니다.

-요셉은 형들에게 배신을 당했습니다. 그가 종으로 팔렸으나 가슴 속에 가진 꿈과 믿음은 그 누구에게도 빼앗기지 않았습니다(창 37:18-28). 참으로 장한 일이 아닐까요? 요셉의 꿈은 하나님의 거룩성을 살려내는 의로운 속성을 가졌습니다.

창세기 37장 18절부터 20절까지에서, "요셉이 그들에게 가까이 오기 전에 그들이 요셉을 멀리서 보고 죽이기를 꾀하여 서로 이르되 꿈 꾸는 자가 오는도다 자, 그를 죽여 한 구덩이에 던지고 우리가 말하기를 악한 짐승이 그를 잡아먹었다 하자 그 꿈이 어떻게 되는 것을 우리가 볼 것이니라 하는지라"라고 기록으로 말합니다.

-요셉은 극심한 고난을 당해 참담한 지경에 빠졌습니다. 요셉은 애굽 왕의 시위대장이었던 보디발의 집에서 10년간 종살이로 고생을 했습니다. 그리고 억울한 3년간 감옥살이에도 그의 믿음의 씨앗은 부활의 꽃을 피울 준비를 하고 있었습니다(창 39:7-23).

-요셉은 고난 속에 피어난 부활의 꽃입니다. 요셉은 애굽 왕 바로의 꿈을 해석하고 일약 국무총리로 통치하게 되었는데 애굽의 총리는 그가 노예로 팔려왔던 이방나라였습니다(창 41:1-43).

창세기 41장 42절, 43에서, "자기의 인장 반지를 빼어 요셉의 손에 끼우고 그에게 세마포 옷을 입히고 금사슬을 목에 걸고 자기에게 있는 버금 수레에 그를 태우매 무리가 그 앞에서 소리 지르기를 엎드리라 하더라 바로가 그로 애굽 전국을 총리하게 하였더라"고 말씀하고 있습니다.

둘째, 예수님의 고난과 부활의 꽃입니다.
-예수님의 십자가 고난과 죽음입니다. 원수들에게는 결정적 승리요, 제자들에게는 비참한 파멸이었습니다. 원수들은 십자가에 매달리신 예수님을 조롱했으며 제자들은 모두 도망쳤습니다(막 15:31 -32, 14:50).

-예수님 안에 있는 부활의 씨앗입니다. 죄가 없으신 하나님의 아들 예수님은 십자가에 고난을 당하심으로 하나님의 뜻을 따라 영원한 생명이신 예수님 자신을 믿음의 씨앗으로 심으셨습니다.

요한복음 17장 1절부터 8절까지에서, 영생은 곧 유일하신 참 하나님과 그의 보내심을 받은 예수 그리스도를 아는 것이니이다. 아버지께서 내게 하라고 주신 일을 내가 이루어 아버지를 이 세상에서 영화롭게 하였사오니 아버지여 창세 전에 내가 아버지와 함께 가졌던 영화로써 지금도 아버지와 함께 나를 영화롭게 하옵소서 세상

중에서 내게 주신 사람들에게 내가 아버지의 이름을 나타내었나이다. 저희는 아버지의 것이었는데 내게 주셨으며 저희는 아버지의 말씀을 지키었나이다. 지금 저희는 아버지께서 내게 주신 것이 다 아버지께로서 온 것인줄 알았나이다"라고 말씀합니다.

-패배냐 부활이냐의 갈림길입니다. 예수님의 고난은 바로 그 갈림길 같은 상황에서 부활의 영광으로 꽃피어 우리에게 의와 용서, 성령충만과 거룩함, 기쁨과 치유, 복과 형통, 부활과 영생천국의 영원한 승리를 얻게 하셨습니다(요 10:10).

셋째, 고난 속에 믿음으로 피는 부활의 꽃입니다.
고난의 여정이 없는 요셉의 영광이 있을 수 있습니까? 갈보리 십자가 없는 예수님의 부활이 있을 수 있습니까? 크고 작은 고난 속에 믿음이 꽃피우는 성공의 부활 꽃이 있습니다(고후 4:17).

로마서 8장 17절, 18절에서, "자녀이면 또한 상속자 곧 하나님의 상속자요 그리스도와 함께 한 상속자니 우리가 그와 함께 영광을 받기 위하여 고난도 함께 받아야 할 것이니라 생각하건대 현재의 고난은 장차 우리에게 나타날 영광과 비교할 수 없도다"라고 말씀합니다.

야고보서 1장 2절부터 4절까지에서, "내 형제들아 너희가 여러 가지 시험을 만나거든 온전히 기쁘게 여기라 이는 너희 믿음의 시련이 인내를 만들어 내는줄 너희가 앎이라 인내를 온전히 이루라 이는 너희로 온전하고 구비하여 조금도 부족함이 없게 하려 함이라"

고 말씀하고 있습니다.

그러므로 우리 그리스도인이 '고난을 통과할 때 하나님의 구원의 약속'에 의지하여 바른 자세를 가져야 합니다.

〈Table-5〉	고난을 통과할 때, 하나님의 구원 약속-5가지	
5-1	진리로 자유를 얻습니다	그리스도의 말씀은 마음의 고통에서 우리에게 참된 해방을 줍니다(요 8:31-32)
5-2	꿈을 꿉니다	고난의 텃밭에서 믿음으로 꽃피는 부활의 꿈을 꾸면 이루십니다(엡 3:20, 빌 2:13)
5-3	절대 믿음으로 얻습니다	죽은 자를 살리시고 없는 것을 있게 하시는 하나님이 함께 하십니다(롬 4:17, 히 10:38)
5-4	감사 기도, 도우심을 구합니다	성령님이 문제를 맡아주시고 도와주십니다 (빌 4:4-7, 롬 8:26-28)
5-5	담대히 선언합니다	구원의 하나님을 시인하고 인내할 때 영광을 드러냅니다

"나의 가는 길을 오직 그가 아시나니 그가 나를 단련하신 후에는
내가 정금 같이 나오리라"(욥기 23:10)

우리 그리스도인은 모두 고난은 싫어하고 영광만을 원합니다. 그러나 영광은 고난의 텃밭에서 피어난 믿음의 꽃인 것을 잊지 말아야 합니다. 고난의 캄캄한 밤을 통할 때 좌절하지 말고 마음속 믿음의 불꽃으로 밝히고 인내하며 기도하고 나가야 합니다. 그러면 반드시 영광의 꽃이 피는 부활의 아침을 맞이하는 영광을 얻을 수 있겠습니다.

현재물음표미래마침표컬럼집

이겨 놓은 전쟁

The victorious War

Column **35**

사람들은 자기의 미래에 관해 깊은 관심을 두고 삽니다. 그러나 아무도 한 치 앞을 모르기 때문에 속는 줄 알면서도 점을 치거나 미신을 통해 불안을 해소하려고 합니다. 그러나 예수 그리스도를 믿는 사람들은 하나님의 언약을 통해 내일에 대한 지식을 얻을 수 있습니다. 그 때문에 예수님은 "네 믿은 대로 될찌어다"라고 하셨습니다. 우리는 하나님의 약속을 믿음으로 내일을 알고, 또 믿음으로 현실을 이기고 담대하게 살아갈 수 있습니다.

첫째, 젖과 꿀이 흐르는 땅으로 인도하신다는 약속입니다.
이스라엘 백성들은 자신의 앞길은 수많은 장애물이 있고 예측할 수 없는 험난한 일이 밀려왔으나 오직 한 가지, 믿기만 하면 이 모든 역경을 극복할 수 있었습니다(출 3:7-10).

　-애굽을 막 벗어났을 때, 홍해라는 도저히 넘지 못할 위기도 해결되는 것을 확인했던 것입니다. 이스라엘 백성의 현실은 아마 홍해 앞같이 당황하고 혼란스러워도 이 시험을 벗어날 줄 아는 믿음 하나로 해결됨을 경험하게 되었습니다. 이때, 이스라엘 백성의 지도자, 모세는 미래에 하나님의 손길이 미칠 것을 믿고(알고) 있었기 때문입니다(출 14:13).

　-마라의 쓴물도 이미 해결된 것입니다. 해결법은 하나님의 비밀이며 그들은 믿어야 했습니다(출 15:25).
예레미야 33장 3절에서, "너는 내게 부르짖으라 내가 네게 응답하겠고 네가 알지 못하는 크고 비밀한 일을 네게 보이리라"라고 말씀합니다.

　-광야생활의 양식의 결핍, 마실 물이 없는 것, 건강의 문제 등 산적한 문제의 해답은 하나님께 있었습니다. 이스라엘 백성은 이것을 알고 믿고 인내하면 되지만 매사에 원망하고 불평했습니다(신 1:32-33).

　-가나안 일곱 족속과의 전쟁도 이미 이긴 것입니다. 그러나 믿고 쫓아내면 되지만 불순종하고 말았습니다(출 23:31).

　둘째, 하나님이 우리를 위해 예비하신 모든 것입니다.
예수님은 십자가에 못박혀 피 흘리심으로 예비하신 구속을 "다 이루었다!" 외치시고 운명하셨습니다.

　-죄사함과 의와 영광을 이미 다 이루셨습니다. 은혜로 의와 용서를 베푸시고 구원하셨습니다.

에베소서 2장 8절, 9절에서, "너희는 그 은혜에 의하여 믿음으로 말미암아 구원을 받았으니 이것은 너희에게서 난 것이 아니요 하나님의 선물이라 행위에서 난 것이 아니니 이는 누구든지 자랑하지 못하게 함이라"고 말씀합니다.

　-거룩함과 성령충만을 다 이루셨습니다. 성령을 풍성히 부어주사 거룩한 영생의 소망을 주셨습니다(딛 3:6-7).

　-치료를 다 이루셨습니다. 채찍에 맞으심으로 연약함을 친히 담당하시고 병을 고쳐주셨습니다(벧전 2:24).

　-저주에서 해방을 다 이루셨습니다. 저주를 청산하시고 아브라함의 복과 형통을 허락하셨습니다(갈 3:13-14).

　-부활과 천국도 다 이루셨습니다. 죽음을 이기시고 부활과 영생 천국을 누리게 하셨습니다(고후 5:1, 요 14:1-3). 우리는 주안에서 새 피조물이며 사랑의 아들 예수 그리스도의 왕국의 왕같은 제사장들입니다(고후 5:17).
골로새서 1장 13절에서, "그가 우리를 흑암의 권세에서 건져내사 그의 사랑하는 아들의 나라로 옮기셨으니"라고 말씀합니다.

베드로전서 2장 9절에서 "오직 너희는 택하신 족속이요 왕 같은 제사장들이요 거룩한 나라요 그의 소유된 백성이니 이는 너희를 어두운데서 불러내어 그의 기이한 빛에 들어가게 하신 자의 아름다운 덕을 선전하게 하려 하심이라"라고 말씀합니다.

   셋째, 문제는 우리의 이해와 믿음에 있습니다.
이스라엘 백성들처럼 알지 못하고 믿지 않으면 당황하고 절망하게 되며 원망하고 불평하게 되었습니다.

   -진리가 너희를 자유케 하리라. 하나님이 예비하신 구속의 은총을 알고 믿어야 합니다.

고린도전서 2장 9절, 10절에서, "기록된 바 하나님이 자기를 사랑하는 자들을 위하여 예비하신 모든 것은 눈으로 보지 못하고 귀로 듣지 못하고 사람의 마음으로 생각하지도 못하였다 함과 같으니라 오직 하나님이 성령으로 이것을 우리에게 보이셨으니 성령은 모든 것 곧 하나님의 깊은 것까지도 통달하시느니라"고 말씀합니다.

   -약속의 땅을 바라보라고 하십니다. 하나님의 나라와 의를 구하고 주님만 바라보아야 한다고 요구하고 있습니다(창 13:14-15).

   -믿으면 하나님의 영광을 보는 것입니다. 환경과 감각을 바라보면 부정적이 됩니다(히 11:1-2).
요한복음 11장 40절에서, "예수께서 가라사대 내 말이 네가 믿으면 하나님의 영광을 보리라 하지 아니하였느냐"라고 말씀합니다.

-믿고 기도한 것은 다 받으리라. 주님 영광을 위해 오직 믿음으로 구하고 조금도 의심치 말아야 합니다. 하나님의 역사와 권능을 의심하면 예비하신 은혜를 체험할 수 없습니다(요 15:7, 롬 8:32).

-담대히 시인하라. 긍정적이고 창조적인 믿음을 시인을 할 때 기적이 일어납니다(막 11:22-24, 요 16:33).

인생은 수많은 장애물과 위험과 광야를 지나며 살아가고 있습니다. 그러므로 하나님의 약속을 모르고 예수님을 믿지 않는 삶은 끝없는 불안이요 고통입니다. 호세아 선지자는 '내 백성이 지식이 없어 망한다'고 탄식했습니다. 우리는 예수님을 믿음으로 이미 이긴 전쟁인 것을 알기 때문에 예비하신 복을 누리며 살아가야 할 것입니다.

Present_Question_Future_Period_Columns

내가 기뻐하는 일을 선택하라! - ①

I'm happy choose your Job!-1

Column **36**

인생은 늘 상 선택의 연속선상에서 살아가고 있습니다. 지금도 자기 자신에게 주어진 삶을 살아가면서 겪는 순간은 곰곰이 생각해 보면, 그것은 선택의 연속이 틀림 없습니다. 자신의 부모와 형제, 친척과 지인 심지어 조상까지 내가 선택한 것은 아닙니다. 내가 태어난 고향, 산천, 나라, 또 시대와 환경 역시 내가 선택한 것은 절대 아닙니다. 어찌어찌 세월의 물결 따라 흐르듯 당도해 보니 여기가 내가 거주하고 숨쉬고 생존(生存)해 가는 곳이었습니다.

현재 교육환경, 결혼, 직업 등은 자신이 선택하여 지금까지 삶을 일궈가고 있습니다. 일반적인 사람들은 자신의 삶에서 동반하는 운명은 이미 결정지어진 것이라 믿고 있습니다. 그러나 하나님을 섬기는 그의 백성은 예수 그리스도를 믿는 믿음의 사상을 근거삼아 그 운명 대신 '하나님께서 오묘한 섭리로 자신에게 제공하신 것'이라 믿는 것입니다. 잠시 돌이켜 생각해 보면, 우리에게 이미 정해진 삶 속에서 선택하는 결정권은 우리에게 있지만, 그 결과에는 반드시 선택했던 주체(主體)가 그에 대한 책임을 져야 한다는 것입니다.

첫째, 인간의 운명과 선택의 자유
 -아담이 지음을 받고 에덴에 거하게 된 것은 선택의 여지가 없는 오직 하나님의 뜻이요 섭리였습니다.

창세기 1장 26절, 27절에서, "하나님이 이르시되 우리의 형상을 따라 우리의 모양대로 우리가 사람을 만들고 그들로 바다의 물고기와 하늘의 새와 가축과 온 땅과 땅에 기는 모든 것을 다스리게 하자 하시고 하나님이 자기 형상 곧 하나님의 형상대로 사람을 창조하시되 남자와 여자를 창조하시고"라고 인간 창조에 대하여 기록하여 밝히고 있습니다.

 -선택의 자유가 주어진 아담입니다. 하나님께서 세상을 차례로 창조해 가면서 에덴동산 중앙에 '생명나무'와 '선악을 알게 하는 나무'가 있었습니다. 하나님께서 창조물 중 하나인 아담에게 직접 명령합니다. '동산 각종 실과는 임의로 먹되 선악을 알게 하는 실과는 먹으면 반드시 죽을 것'을 경고하셨습니다.

창세기 2장 15절부터 17절까지에서, "여호와 하나님이 그 사람을 이끌어 에덴 동산에 두어 그것을 경작하며 지키게 하시고 여호와 하나님이 그 사람에게 명하여 이르시되 동산 각종 나무의 열매는 네가 임의로 먹되 선악을 알게 하는 나무의 열매는 먹지 말라 네가 먹는 날에는 반드시 죽으리라 하시니라"고 명령하셨습니다.

그것은 에덴동산은 사람이 행복을 만끽하면서 생존해가는 유일한 장소였습니다. 온갖 혜택과 은혜로 조성한 동산이었습니다. 거기서 생존해가는 유일한 조건을 하나님이 피조물 아담에게 조건부로 제시하셨습니다. 그는 하나님이 제시한 조건 하나만 지키면 모든 행복의 환경 속에서 인류번성의 계기를 얻은 것입니다. 그러나 아담이 그 조건을 스스로 무너뜨리면서 축복을 상실하고 말았습니다.
즉 이 의미는 인간이 잘못된 선택을 하므로 얻은 저주의 결과입니다. 선택하기 전까지 아담이 가졌던 에덴의 축복은 그의 것이었습니다. 허나 선택 후에는 그 조건이 더 이상 아담의 것이 아니었습니다.

　-아담과 하와는 뱀을 통한 마귀의 유혹에 잘못된 선택을 하므로, 그 결과는 하나님을 거역하는 선택까지 하게 되었습니다(창 3:1-6). 거기서부터 시작된 비극의 싹은 여지없이 인류 전체를 저주와 심판으로 몰아가게 되었습니다. 선택은 제삼자가 하는 것이 아닙니다. 자신이 선택한 결과를 엄연하게 책임을 져야하는 것입니다.

Present_Question_Future_Period_Columns

현재 물음표 미래 마침표 컬럼집

내가 기뻐하는
일을 선택하라! - ②

I'm happy choose your Job!-2

Column 37

둘째, 하나님을 부인하는 사람의 오해

 -지구상의 인류의 비극은 인간 스스로 선택한 결과로 이어받게 된 것은 결코 부인할 수 없는 일입니다. 아담과 하와의 타락은 그들 자신들의 선택으로 기인한 것입니다. 영적(靈的)인 죽음과 땅의 저주, 해산의 고통과 사람 간의 갈등, 그리고 육체적 죽음의 심판을 초래한 비참한 존재가 되었다는 것입니다.

창세기 3장 10절에서, "이르되 내가 동산에서 하나님의 소리를 듣고 내가 벗었으므로 두려워하여 숨었나이다"라고 말씀합니다.
창세기 3장 16절부터 19절까지에서, "또 여자에게 이르시되 내가 네게 임신하는 고통을 크게 더하리니 네가 수고하고 자식을 낳을 것이며 너는 남편을 원하고 남편은 너를 다스릴 것이니라 하시고 아담에게 이르시되 네가 네 아내의 말을 듣고 내가 네게 먹지 말라 한 나무의 열매를 먹었은즉 땅은 너로 말미암아 저주를 받고 너는 네 평생에 수고하여야 그 소산을 먹으리라 땅이 네게 가시덤불과 엉겅퀴를 낼 것이라 네가 먹을 것은 밭의 채소인즉 네가 흙으로 돌아갈 때까지 얼굴에 땀을 흘려야 먹을 것을 먹으리니 네가 그것에서 취함을 입었음이라 너는 흙이니 흙으로 돌아갈 것이니라 하시니라"고 말씀합니다.

 -아담이 지닌 하나님 형상의 근본 의미를 자유의지에서 찾을 수 있습니다. 인간만이 하나님께 순종하거나 거역할 수 있는 인격적 존재입니다. 자유의지는 선택할 수 있는 자유가 주어지고 그 후에는 책임이 주어집니다. 한편, 잘못된 선택엔 그에 대한 책임으로 말미암아 필연적 고통이든지 형통이든지 반드시 따르게 되어 있습니다.

 -아담과 하와는 잘못된 선택을 합니다. 그리고 이 원인을 자신이 지지 않고 책임을 회피하면서 남의 탓으로 돌렸습니다. 그 결과는 아담 자신의 책임을 하나님께서 물으시고 그에 따른 형벌과 고통으로 책망하고 있습니다.

 셋째, 예수님의 시험과 선택입니다.
 -예수님이 40주야를 광야에서 금식하신 후 시험을 당하셨습니다. 시험을 가한 자는 마귀였으며, 그가 유혹한 육신의 정욕, 안목의 정욕, 이생의 자랑의 시험을 말씀으로 물리치고 하나님의 길을 선택

하셨습니다(창 3:15, 마 4:3-11).

마태복음 4장 4절에서, "사람이 떡으로만 살 것이 아니요 하나님의
입으로 나오는 모든 말씀으로 살 것이라 하였느니라".
마태복음 4장 7절에서, "또 기록되었으되 주 너의 하나님을 시험하
지 말라 하였느니라"
마태복음 4장 10절에서, "사단아 물러가라 기록되었으되 주 너의
하나님께 경배하고 다만 그를 섬기라 하였느니라"라고 말씀합니다.

　-예수 그리스도의 최후의 선택, 십자가 고난을 선택하므로 의로
운 결과를 얻게 되었습니다.
로마서 5장 18절, 19절에서, "그런즉 한 범죄로 많은 사람이 정죄에
이른 것 같이 한 의로운 행위로 말미암아 많은 사람이 의롭다 하심
을 받아 생명에 이르렀느니라 한 사람이 순종하지 아니함으로 많은
사람이 죄인 된 것 같이 한 사람이 순종하심으로 많은 사람이 의인
이 되리라"고 말씀하십니다.

　넷째, 우리가 행사하는 선택의 자유입니다.
　-인간의 삶의 큰 틀은 정해져 있지만 그 안에서의 삶에는 우리
에게 선택할 수 있는 자유가 주어졌으므로 선택하는 것입니다.
　-성경은 우리가 무엇을 선택하든지 그 다음 결과는 우리의 책임
이라고 말씀하고 있습니다.
　-우리 앞에는 항상 두 길이 있습니다. 하나님의 길은 좁고 험하
지만 그 결과는 생명의 길이 주어집니다.
그 반면 인간적인 세상의 길은 넓고 편하지만 종국(終局)은 사망의

길이라고 말씀합니다(신 11:26-29, 30:14-16).

마태복음 7장 13절, 14절에서, "좁은 문으로 들어가라 멸망으로 인도하는 문은 크고 그 길이 넓어 그리로 들어가는 자가 많고 생명으로 인도하는 문은 좁고 길이 협착하여 찾는 이가 적음이니라"고 말씀합니다.

　-먼저 그의 나라와 의를 구하고, 성령안에서 사랑과 순종의 자유자로 살아가야 한다고 성경은 명(命)하고 있습니다(마 6:29-33). 갈라디아서 5장 13절에서, "형제들아 너희가 자유를 위하여 부르심을 입었으나 그러나 그 자유로 육체의 기회를 삼지 말고 오직 사랑으로 서로 종노릇하라"고 말씀합니다.

사람은 '잘되면 자기 탓이요 못되면 조상 탓'으로 돌린다는 속담이 있습니다. 이 말은 다르게 생각해 보면, 자기의 잘못된 선택을 절대로 남의 책임으로 돌릴 수 없다는 말입니다. 혹 우리가 잘못된 선택을 했다면 이내 회개하고 내일을 위하여 새롭고 올바른 선택을 해야만 할 것입니다.

현재 물음표 미래 마침표 컬럼집

내게 생명의 능력이신 하나님 - ①

God of the power of life to me - 1

Column **38**

하나님과 사람의 관계는 절대불가분리(Absolutely inseparable)의 관계라 정의하고 싶습니다. 굳이 이 논리를 인간의 지식으로 설명하지 않아도 성경의 진리가 완벽하게 증거하고 있습니다. 실제적으로 언제나 하나님이 사람을 먼저 찾아와 주셔서 이 논리나 원칙이 깨지지 않고 지켜져 왔습니다.

성경 66권을 일 생 동안 한 번이라도 정독(精讀)한 그리스도인이 얼마나 될까요? 그렇게라도 정독했다면, 당연하게 얻은 결론이 있을 것입니다. 그것은 성경 66권이 한결같이 내린 결론은 하나님께서 먼저 이 관계를 유지하시고 사랑해 주셨다는 사상에는 변명의 여지가 없습니다. 우리에게 제공하는 하나님의 말씀엔 몇 가지 교훈입니다.

첫째, 우리(나)에게 관심을 갖는 하나님입니다.
시편 37장 28절에서, "여호와께서 정의를 사랑하시고 그의 성도를 버리지 아니하심이로다 그들은 영원히 보호를 받으나 악인의 자손은 끊어지리로다"라고 말씀합니다.

－하나님은 내게 생명의 능력이 되십니다. 우리 그리스도인에게는 하나님은 분명히 '나의 생명의 능력'(The Lord is Stronghold my of Life)이 되십니다. 그동안 우리는 하나님을 구경만 하는 식으로 섬겨온 것은 아닌지 돌아보고 자신을 통찰해야 하겠습니다. 하나님이신 그분과 우리와의 관계에 대하여 그리고 그 사이에서 얼마나 깊은 진리가 관계되어 있는지를 말씀을 통해 얻기를 바랍니다.

수천 년, 수만 년 동안 우리를 위해 쉬지 않고 일하시는 하나님께서는 우리 그리스도를 향해 절대 구경만 하지 않으셨습니다. 그러나 우리는 그 하나님을 구경만 하는 식으로 믿음생활을 해 왔음을 부인할 수 없습니다.

시편 37편 28절, 29절에서, "여호와께서 정의를 사랑하시고 그의 성도를 버리지 아니하심이로다 그들은 영원히 보호를 받으나 악인의 자손은 끊어지리로다 의인이 땅을 차지함이여 거기서 영원히 살리로다"라고 말씀하십니다.

－하나님의 지대한 관심의 대상인 우리는 그의 백성입니다. '악인

의 자손은 끊어지고 의인의 자손은 영원히 살리라'의 약속입니다. 하나님께서는 지니신 본성은 악인은 끊으시고, 의인은 살린다는 명백한 진리입니다. 우리에 대한 간섭에서 하나님은 구경만 하는 것을 제일 싫어합니다. 이 진리는 성경이 증거하는 독특한 방법입니다. 우리를 향해 적극적으로 참견하고 간섭하신다는 것입니다. 하나님의 적극적인 관심의 대상은 성도, 하나님의 백성, 하나님의 교회, 하나님의 공동체입니다.

-우리는 태양의 햇살이 내려 쬐는 옥토입니다. 왜 성도를 버리지 않고 보호해주는데 순간도 아니고 임시방편도 아닌데도 영원한 보호를 강조하실까요? 지대한 관심과 적극적인 참견, 간섭이 없으면 하나님의 백성, 믿음의 식구들은 이 악한 세속성에 침식을 당하고 맙니다. 타락한 인간이 이 강한 세속성 속에서 의로운 믿음을 갖는 것이 결코 쉬운 일이 아닐 것입니다.

어느 따스한 날 오후에 돌담장 너머에 햇살이 가득 쏟아지고 있습니다. 그 햇살이 누구를 위해 비치는 혜택을 누구나 한 번쯤 맛보아 알 수 있습니다. 동일한 지상이지만 태양이 비쳐지는 옥토(沃土)가 있는가 하면, 태양이 비쳐지지 않는 동토(凍土)가 동시에 존재하고 있습니다. 만약 생명이 있는 식물이나 작물이 태양을 거부하면 그 결과는 어떻게 될까요?

-하나님께서 나를 부르실 때, 조건을 가리지 않고 택해 주셨습니다. 하나님께서 나를 부르시고 택하실 때, 나 자신의 좋은 조건을 보시고 나를 선택해 주지 않았습니다. 따지고 보면, 인간적으로 지

닌 조건이 탁월한 것도 아니고, 오히려 보잘 것 없는 나(우리)를 택하실 때 아무 조건을 가리지 않고 당신의 백성으로 택해 주셨습니다. 마치 들판에 생명의 능력을 얻어서 새싹을 트고 가지를 뻗고 조금씩 성장해 갈 수 있었던 원동력도 내가 작용해서 된 것이 아니라 하나님께서 은혜를 주시고 환경을 조성해 주시므로 그렇게 성장하고 큰 나무가 될 수 있었습니다. 비전이 있고, 미래에 꿈을 가지고 가능성을 향해 도전하게 하신 것은 순전히 하나님의 자비와 은총이었으며, 나를 당신의 백성(성도)으로 삼으셨기 때문입니다.

우리는 어쩔 수 없이 일방적인 하나님의 은혜로만 살아가는 절대적 하나님의 관심의 대상은 틀림없습니다. 이런 축복의 조건을 우리가 어떻게 할 수 있습니까? 그저 주님의 처분만 바라고 그분만 바라보고 믿음의 삶을 이뤄가야 하겠습니다.

현재 물음표 미래 마침표 컬럼집

내게 생명의
능력이신 하나님 - ②

God of the power of life to me - 2

Column 39

둘째, 지키는 일이 무엇보다 중요합니다.

　-우리 그리스도인은 성공을 보장받고 가는 사람입니다. 하나님은 우리를 지켜주시는 하나님으로 일관(一貫)하고 있습니다. 그리스도인이 이 땅에 삶을 이뤄나가는 일 중에 성취하는 일도 중요하지만, 그 성취한 일을 지키는 일도 그에 못지않게 중요하다는 것입니다. 그러나 일의 순서가 먼저 성취하는 것입니다. 성공한 후 그 성공한 일을 지키는 것입니다. 우리 그리스도인은 하나님으로부터 무슨 일이든지 그 앞에서 이루게 되는 성공을 보장받고 걸어가는 길입니다.

시편 37장 23절, 24절에서, "여호와께서 사람의 걸음을 정하시고 그의 길을 기뻐하시나니 그는 넘어지나 아주 엎드러지지 아니함은 여호와께서 그의 손으로 붙드심이로다"라고 말씀합니다.

-복되고 넉넉한 신세입니다.

오직 하나님 만이 우리의 인생 각자의 걸음을 정하시는 분입니다. 만약 하나님께서 우리 자신의 인생길에 대하여 아무 계획도 없고 관심도 없다고 하신다면, 그 인생은 얼마나 비참한 인생 걸음이 될 것인가를 예측하지 않을 수 없습니다. 우리 그리스도인이 지금 이 순간도 복이 있고 넉넉한 신세가 되는 것은 확실합니다. 왜냐하면 전능하신 하나님 그분께서 도무지 한 번도 경험하지 못해 누구나 미래를 불안하다고 토로할 수밖에 없습니다. 그러나 그 길을 미리 정해 주시고 정하신 길을 기뻐한다고 하십니다. 지금 내가 내딛는 걸음이 하나님께서 흡족하게 느끼시는 길입니다. 이것은 바로 나 자신의 성공을 완전하게 보장해 주신다는 것입니다.

-장구한 세월 동안 대단한 은혜를 베푸신 하나님이십니다.

이스라엘 백성이 출애굽을 하여 광야에서 방황하는 시간이 무려 40년 동안이었습니다. 세상에 존재하는 어떤 민족이든지 나라(국권)도 없이 왕(통치)도 없이 그리고 국토(땅)도 없이 약 13세대나 되는 세월, 430년을 주변 민족에게 공격을 당하고 도륙과 침탈을 당하면서 지낸다면 몇 번 망하고도 남는다고 사가(史家)들은 증언합니다.

그뿐 아니라 강대한 국가 바벨론에게 침략을 당해 완전히 나라가 망해서 왕, 신하, 백성이 그들에게 포로로 끌려가 거기서 70년을 살았으며, 구약과 신약 동안 중간시대에 약 400년 동안 어떤 계시나

지시가 끊긴 상태였습니다. 그래도 하나님께서는 결국, 이스라엘에게 승리를 약속하고 보장해 주셔서 믿음의 길을 가도록 조치해 주셨습니다. 그 장구한 세월, 이스라엘 민족이 걸어가는 동안 하나님께서 그들에게 베푸신 은혜는 가히 대단한 것이었습니다.

시편 37장 24절, 25절에서, "그는 넘어지나 아주 엎드러지지 아니함은 여호와께서 그의 손으로 붙드심이로다 내가 어려서부터 늙기까지 의인이 버림을 당하거나 그의 자손이 걸식함을 보지 못하였도다"고 말씀하고 있습니다.

　-우리의 실패를 일일이 막아 주십니다.
장구한 세월 앞에서 그들의 걸음이 보장되지 않은 상태 같지만, 그들이 넘어져도 완전히 실패하게 않게 하시려고 하나님께서 친히 그 손으로 실패를 막아주셨습니다. 이런 실패가 한 두번 그친 것 아니고 순간마다 때마다 실패하고 아주 엎드러져 멸망하기 딱 알맞은 이스라엘 백성이었지만 수 없이 막아주시고 다시 서게 하셨습니다. 지금 우리 그리스도인 앞에 뭔가 확실하게 보이지 않는다고 불안, 초조해하지 마십시오. 지금 결실이나 수확이 걷어지지 않는다고 낙심해서도 안 될 것입니다.

　-결코, 구경꾼 같지 않게 세심하게 살펴주신 하나님이십니다.
하나님께서는 우리의 자녀, 가정, 사업, 그리고 나라까지 지켜주셨습니다. 얼마나 많은 대상들을 폭넓고 완벽하게 보호 인도하셨습니까? 우리 자신의 힘, 능력, 그리고 수단으로 이런 조건을 지켜왔다면 그 무엇 하나 온전할 수 있었겠습니까?

하나님의 속성 중 자비롭고 은혜로움이 있습니다. 거기에다 영원하심이 있습니다. 지금까지 우리 자신이 삶을 이뤄가는 여정 속에서 절대 구경만 하시지 않았습니다. 그의 본성과 같이 우리 모두에게 "어려서부터 늙기까지 버림당하거나 걸식하지 않고 돌봐 주셨다!"는 것입니다. 우리는 하나님의 백성인 '의인'이었기 때문입니다.

   셋째, 우리는 하나님의 법으로 살 수 있습니다.
   -우리의 마음 속의 신앙양심이 있는데, 그것은 하나님 법입니다. 세상 사람들 그 누구나 선택할 수 없는 것은 사람 마음속에 있는 신앙 양심, 예수 믿는 사람들 양심이 살아 움직이는 믿음의 법이 있습니다. 그것이 본질적으로 다른 점입니다. 신앙 양심 그 가운데는 하나님께서 들어와 계셨습니다. 그런 존재 안에 있는 신앙 양심 때문에 결코 실족함이 없다고 말씀하고 있습니다.

시편 37장 3절에서, "그의 마음에는 하나님의 법이 있으니 그의 걸음은 실족함이 없으리로다"고 말씀하고 있습니다.

   -예수 그리스도를 믿는 고백-하나님의 법입니다.
하나님의 법에 대하여 더 강조하면서 설명을 덧붙여 보겠습니다. 예수님이신 그분은 성자 하나님(The Son of God)이시지만 인간에게 씌워진 원죄를 인간이 스스로 씻을 수 없다는 것을 잘 알고 계셨습니다. 영원히 죽음의 저주로 마칠 운명 가운데 놓였던 인류의 죄를 대신해서 속죄의 십자가를 지시기 위하여 이 땅에 오셨습니다. 그리고 이천 년 전에 예루살렘 갈보리 산 위에서 대속의 십자가를 홀로 지시고 처절하게 죽으셨습니다. 그리고 부활하시고 하늘에 있는 그의 보좌로 승귀하셨습니다. 바로 이러한 믿음의 비밀을 믿고 예수님을 '나의 주, 나의 하나님!'으로 신앙을 고백하여 얻은 신분, 그것이 의롭다하는 칭함을 얻고 하나님의 백성이며, 그리스도인이 된 것입니다.

-마음에 있는 하나님의 법으로 영원한 주의 백성이 됩니다.
인생의 여정이 70, 강건하면 80이라고 합니다. 아니 지금은 백세 시대라고 합니다. 한평생을 80-100년의 사이클로 볼 때, 지금까지 살아온 것도 하나님의 큰 은혜요 감사한 일입니다. 우리가 하나님의 법, 믿음의 법을 마음에 지니고 있어서 그 어떤 환난이나 고통 중에도 망할 일은 없다는 것이 약속한 말씀입니다.

바로 우리가 예수 믿고 하나님의 자녀 된 것이 기적이며 감사할 일입니다. 그러므로 내가 믿고 고백한 하나님의 법이 내 인생을 살찌게 하는 남은 시간을 건강하게 살아가는 것이 영원히 성공하며 승리하는 주의 백성이 되는 것입니다.

영적 존재의
마귀의 대적

Spiritual Presence and
the Challenge of the Devil

현재물음표미래마침표컬럼집

Column 40

우리가 이 세상에서 하나님을 섬기며 온전한 믿음의 삶을 이뤄갈 때 그 자체를 시기하고 질투하는 실체적 본능이 있습니다. 그 실체는 가능하면 그리스도인을 넘어뜨리고 좌절하게 하는 것은 마귀의 속성을 가리키는 것입니다. 마귀는 영적 존재로서 우리의 눈에 보이지 않지만, 인간의 생각이나 행동 혹은 동물 등을 통해 자신의 존재를 드러내고 활동하면서 하나님께 반역하고 인간을 대적합니다.

그러므로 우리는 항상 우리를 대적하는 존재와 그 배후를 지배하는 세력인 마귀의 실체를 밝히 알고 영적 전쟁을 감행하되 과감하게 치러야 할 것입니다.

첫째, 마귀가 사용하는 도구는 무엇입니까?

-아담의 타락과 마귀의 도구인 뱀의 정체는 무엇입니까? 성경에서의 뱀은 우리의 근본적인 원수이자 대적이며 사탄은 에덴동산에서 인류의 시조인 아담과 하와를 미혹하기 위해 뱀을 통하여 인간에게 접근해서 일대일로 대화했습니다.

-뱀, 사탄은 광야에서 예수님을 시험했습니다. 예수님께서 40일 금식을 마치고 공생애 사역인 구속사역을 시작할 무렵, 광야에서 예수님을 시험했습니다. 또한 마귀는 그의 구속사역을 본질적으로 방해하기 위해 어떤 형체로든 나타나서 자신들의 목적을 위하여 수단 방법을 가리지 않는다는 사실을 알 수 있습니다.

-마귀는 아벨을 죽이기 위하여 가인을 사용합니다. 사탄의 세력은 죄악으로 가득 찬 세상의 불의와 인간관계의 미움과 살인 등의 배후에 항상 악한 마귀가 조종하고 있다는 사실입니다. 우리는 이러한 영적 세계의 불합리한 일들을 생각하면서 마귀를 경계해야 할 것입니다.

요일 3장 10절부터 12절까지에서, "… 우리가 서로 사랑할찌니 이는 너희가 처음부터 들은 소식이라 가인같이 하지 말라 저는 악한 자에게 속하여 그 아우를 죽였으니 어찐 연고로 죽였느뇨 자기의 행위는 악하고 그 아우의 행위는 의로움이니라"라고 말씀합니다.

-마귀는 예수님을 죽이기 위해 가룟 유다를 사용했습니다. 예수님의 제자였던 가룟 유다에게 그의 스승인 예수님을 팔고 배신하게

하여 원수의 무리에게 넘겨주는 등 죄악 된 생각을 불어넣어 준 근원적인 존재는 마귀였습니다.

요한복음 13장 2절에서, "마귀가 벌써 시몬의 아들 가룟 유다의 마음에 예수를 팔려는 생각을 넣었더니"라고 말씀합니다.

둘째, 우리의 씨름은 혈과 육에 대한 것이 아닙니다.
　-르비딤에서 아말렉과 싸운 여호수아를 봅니다. 르비딤의 전장터에서 여호수아를 중심으로 적과 치열하게 싸우는 이스라엘 군대를 목전에 두고 산 위에서 아론과 훌이 각각 모세의 한쪽 팔을 들고 함께 기도로 영적 싸움을 한 결과, 이스라엘 군대는 전쟁에서 승리하게 됩니다.

　-마귀의 세계를 생각해 봅니다. 마귀는 세계적인 통치조직을 가지고 각 나라에 대하여 권세를 행사하면서 조직적인 힘을 사용하고 있습니다. 이 세상 어둠의 조직을 주관하고 악한 영들을 군사로 부리고 있습니다.

에베소서 6장 10절부터 12절까지에서, "끝으로 너희가 주 안에서와 그 힘의 능력으로 강건하여지고 마귀의 간계를 능히 대적하기 위하여 하나님의 전신 갑주를 입으라 우리의 씨름은 혈과 육을 상대하는 것이 아니요 통치자들과 권세들과 이 어둠의 세상 주관자들과 하늘에 있는 악의 영들을 상대함이라"고 말씀합니다.

　-인간 세계의 배후 세력은 무엇입니까? 이 세력은 마귀이며, 죄

를 짓게 하는 장소와 죄악의 분위기로 영혼을 노략(擄掠)하는 그의 목적이므로 그리스도인은 죄악을 이기기 위해 하나님과 늘상 교통하고 근신하며 그리고 깨어있어야 할 것입니다.

셋째, 마귀를 대적해야 합니다.
-무장해제 된 마귀입니다. 예수님이 십자가에서 보혈을 흘려주심으로 우리 죄를 사하시고 율법의 저주를 폐하셨으며 마귀의 무장을 해제하시고 승리하셨습니다.
골로새서 2장 13절부터 15절까지에서, "또 너희의 범죄와 육체의 무할례로 죽었던 너희를 하나님이 그와 함께 살리시고 우리에게 모든 죄를 사하시고 우리를 거스리고 우리를 대적하는 의문에 쓴 증서를 도말하시고 제하여 버리사 십자가에 못 박으시고 정사와 권세를 벗어버려 밝히 드러내시고 십자가로 승리하셨느니라"라고 말씀합니다.

-마귀의 행위가 어떻습니까? 우리 그리스도인의 믿음을 도적질하고 죽이고 멸망시키려고 영적, 육신적, 환경적으로 시험에 들고 타락하게 하며 하나님을 거역하게 했습니다.

-마귀를 대적해야 합니다. 마귀와 그 세력에 대하여는 '예수님의 이름'의 권세를 사용하여 단호하게 대적하고 보혈의 능력을 의지하여 그들과 영적전투를 치러야 합니다. 성령의 검인 말씀으로 물리치고 항상 기도하여 성령충만해야 마귀의 유혹을 물리치고 이길 수 있습니다.

마가복음 16장 17절에서, "… 곧 저희가 내 이름으로 귀신을 쫓아내며 새 방언을 말하며", 요한계시록 12장 10절, 11절에서, "… 우리 형제들을 참소하던 자 곧 우리 하나님 앞에서 밤낮 참소하던 자가 쫓겨 났고 또 여러 형제가 어린 양의 피와 자기의 증거하는 말을 인하여 저를 이기었으니 그들은 죽기까지 자기 생명을 아끼지 아니하였도다"라고 말씀합니다.

우리 그리스도인은 하나님께 속한 영적 존재입니다. 하나남의 권세를 힘입고 활동하는 성도는 결코 마귀의 세력에 굴할 수 없습니다. 심지어 마귀를 영적으로 제압하는 권세를 받은 사실을 깨달아야 합니다. 인간의 삶의 주변에서 발생하는 불행하고 고통스러운 일은 하나님께서 원하시지 않는 일입니다. 왜냐하면 인간의 고통, 수고, 눈물, 괴로움 등 부정적인 수많은 일에는 인간을 불행하게 하는 마귀의 세력의 농간(弄奸)이 개입되어 있다는 것을 깨달아야 합니다. 이런 사실만 잘 깨달아도 우리 그리스도인은 승리를 보장할 수 있습니다. 왜냐하면 이러한 영적인 비밀을 깨닫고 예수 그리스도의 이름과 보혈과 말씀과 기도로 마귀를 대적하여 물리쳐야 할 것입니다.

누가복음 10장 18절, 19절에서, 예수께서 이르시되 사탄이 하늘로부터 번개 같이 떨어지는 것을 내가 보았노라 내가 너희에게 뱀과 전갈을 밟으며 원수의 모든 능력을 제어할 권능을 주었으니 너희를 해칠 자가 결코 없으리라"고 말씀이 우리 그리스도인이 영적 전투에서 사탄과 싸워 승리한다는 약속의 말씀을 붙잡아야 합니다.

예수 그리스도께서 십자가에서 보혈을 흘려주심으로
우리 죄를 사하시고 율법의 저주를 폐하셨으며
마귀의 무장을 해제하시고 승리하셨습니다.
<40장 글에서 발췌>

제 3 부
하나님의 나라

현_재_물_음_표_미_래_마_침_표_컬_럼_집

현재물음표미래마침표컬럼집

말씀을 좇는 생활 - ①

The life of obeying words - 1

Column *41*

첫째 하나님을 기쁘시게 하는 생활

가정에서 부모님은 대부분 자식을 통해 만족을 얻기를 원합니다. 혹 자식이 잘되면 부모님의 근심이 사라지고 사기(士氣)가 충천되어 기쁨이 양양(陽陽)해집니다. 이같이 하나님께서도 부모님 같은 동일한 속성을 찾을 수 있는 것은 육신의 부모님이 하나님을 닮은 것이기 때문입니다. 하나님은 궁극적으로 우리에게 좋으신 하나님이십니다. 무엇 하나 잘못됨이 없으신 완전하신 분이므로 다른 표현으로도 얼마든지 하나님을 표현할 수 있으나 하나님을 우리의 짧은 생각과 지식으로 다 표현할 수 없다는 것입니다. 그런 하나님께 영광을 마땅히 돌려야 하는 것이 성도의 본질 중 하나가 아닐까요?

그러기 위해 하나님의 뜻을 삶 속에서 실천해 가는 것이 중요하므로 그리스도인으로서 하나님의 뜻을 좇는 생활이 말씀을 좇는 생활이 되는 것입니다. 그에 대한 자세를 성자 예수님께서 성부 하나님께 순종하셨던 것처럼 삶을 이루어 갈 때, 그런 마음으로 그리스도인이 하나님의 말씀을 좇을 수 있고 그분을 기쁘시게 하는 것습니다. 하나님을 기쁘시게 하되 다음과 같이 요구합니다.

에베소서 6장 6절에서, "눈가림만 하여 사람을 기쁘게 하는 자처럼 하지 말고 그리스도의 종들처럼 마음으로 하나님의 뜻을 행하고"라고 말씀하고 있습니다.
그리스도인의 삶에서 하나님의 뜻대로 살아가려면 반드시 이원론(dualism)을 경계해야 합니다. 이 논리는 하나님을 섬기는 삶과 함께 세상의 육신적 삶을 이중적으로 따르는 것입니다. 그리스도인이 이런 논리를 피하려 해도 이원론은 쉴새 없이 유혹해 오고 있습니다. 이원론은 '세상 편'과 '하나님 편' 사이에서 그리스도인의 믿음을 약화시키고 혼돈하게 하여 하나님을 온전히 섬기는 구조를 무너뜨리는 것이 바로 이원론의 기본 속성이라서 매우 경계해야 합니다.

또한 이원론은 육적인 속성과 영적인 속성 간 대립과 분열을 가져다주면서 하나님을 기쁘게 하는 영적 속성에 대해 육적 속성으로 그것에 대립하고 분열하고 갈등을 일으킵니다. 그럴수록 우리는 영적 속성으로 육적인 속성을 극복하고 하나님의 뜻을 이루어야 합니다. 육신에 지체할수록 영적인 것에 거하지 못하므로 가능한 성도는 영적인 것에 거하여 하나님 그분만을 기쁘게 해 드려야 할 것입니다. 다음, 이원론의 기본적 속성의 이해를 위해 도표를 제시합니다.

<Table-6>　　**이원론의 기본 속성 몇 가지**

주 제	이원론 - 영적속성 + 육적속성
대 립	이원론은 육적인 속성과 영적인 속성 간 대립과 분열을 가져다 준다
갈 등	이원론은 영적 속성에 대해 육적 속성이 대립하고 갈등을 일으키게 한다
극 복	이원론이 아니면, 영적 속성으로 육적 속성을 극복하고 하나님 뜻을 이룬다
탈 피	이원론은 육신에 지체할수록 영적인 것에 거하지 못하게 한다
본 분	이원론은 하나님 그분만을 기쁘게 하지 못하므로 영적속성이 아니다

그래서 로마서 8장 8절에서, "육신에 있는 자들은 하나님을 기쁘시게 할 수 없느니라"고 말씀합니다. 결국, 하나님을 기쁘고 즐겁게 해드리므로 그리스도인 자신도 기쁘고 즐거워하면서 궁극적으로 하늘에서 상급을 주시겠다는 약속을 믿고 나가야 합니다.

마가복음 5장 12절에서, "기뻐하고 즐거워하라 하늘에서 너희의 상이 큼이라…"는 말씀이 약속하고 있으므로 그 말씀을 붙잡으셔야 하지 않겠습니까?

  둘째, 예수님의 온유함을 따르는 생활

우리의 성품은 예수 그리스도의 온유한 속성을 본받아 살아가야 합다. 그러므로 일상생활 가운데 사람과의 관계에서 분노하면 우리의 영성과 인성의 질서가 깨지게 됩니다. 예수님은 33년의 생애를 이 세상에 지내시면서 갖은 어려움을 참으셨습니다. 예수님께서 산 위에 백성들을 모으시고 팔복(八福)을 설교로 교훈하실 때 온유하라고 하셨으며 그 말씀을 지킬 때, 다음과 같은 축복을 약속했습니다.

마태복음 5장 5절에서, "온유한 자는 복이 있나니 그들이 땅을 기업으로 받을 것임이요".라고 말씀합니다.
그리스도인으로서 의롭고 성실하게 삶을 이뤄야 하는데 분노하면 '하나님의 의'(God's righteousness)를 이루지 못합니다. 그리스도인은 가능한 화를 내야 할 때도 억제하고 참아야 합니다. '삼인(三忍)이면 살인을 면한다'는 말이 있습니다. 우리는 누구든지 죄 된 속성을 가지고 있다는데 예외가 없습니다. 하나님의 의를 이루는 것은 육적인 성질(性質)을 죽이는 것이므로 하나도, 둘도, 그리고 셋도 참는다면 극단적인 범죄까지 면할 수 있으며 그 의를 우리 그리스도인 가운데 이룰 수 있습니다.

'도(道)를 듣고 행하지 않는 자는 거울로 자기의 얼굴을 보는 사람과 같다'고 했습니다. 우리가 열중하여 세속사회 가운데 삶을 살아가면서 문득 자신의 얼굴을 보면, 죄인의 얼굴을 대하게 된다는 말입니다. 인간사회 속에서 '도'(道)라고 함은 사람이 기본적, 원칙적, 상식적으로 살아갈 도량(度量)을 말하고 있습니다.

예수 그리스도의 성육신을 통해 하나님의 아들이 되심으로 만물의 상속자가 되셨습니다. 그리고 구속 사역을 완성하심으로 이를 믿는 모든 그리스도인이 하나님의 자녀(양자)가 되는 길을 열어 놓으셨습니다(롬8:17). 이렇듯 예수 그리스도를 통해 누리게 될 성도의 기업은 영생입니다. 그리고 종국에는 하나님 나라에 들어가는 것입니다(마19:29, 고전6:9).

그러므로 온유한 그리스도인(성도가 되어 영생(永生)을 기업으로 얻어서 하나님 왕국(the Kingdom of God)에 입성하여 영원히 왕 노릇 하면서 축복을 누려야 하겠습니다. 우리는 그 축복을 누리기 위하여 이 땅에서 의로운 삶을 살아가야 하겠습니다. 그러므로 의로운 삶이란 하나님 백성답게 영적으로 풍족하게 삶을 이루어 가므로 예수 그리스도의 온유함을 따르는 당연한 자세가 아니겠습니까?

현재 물음표 미래 마침표 컬럼집

말씀을 좇는 생활 - ②

The life of obeying words - 2

Column 42

셋째, 절제하는 생활

요한일서 2장 16절에서, " …세상에 있는 모든 것이 육신의 정욕과 안목의 정욕과 이생의 자랑이니 … 세상으로부터 온 것이라"라고 말하고 있습니다.

세상이 주는 달콤함을 외면하거나 비껴간다는 것은 무척 힘든 일이라는 것을 누구든지 다 알고 있습니다. 왜냐하면 '세상의 육신적인 것에 관련된 모든 것이 육신의 정욕, 안목의 정욕과 이생의 자랑'이라고 정의하고 있습니다. 이 세 가지 속성을 일일이 설명하지 않아도 그 의미를 보면, 정욕적이고 자랑할 만한 것이 아니라고 성경은 말하고 있습니다. 사람이 정욕적이고 본능적인 것은 여간해서 참기 어려운 근본임을 말하고 있습니다.

정욕적인 속성을 인간이 지닌 조건으로서는 완전히 이겨낼 수가 없습니다. 그래서 이것들을 이기고 싶으면 절제해야 한다는 것을 성경은 권면하고 있습니다. '절제'하되 모든 일에 절제하라고 합니다. 모든 일은 세상에 속한 속성, 육신의 정욕, 안목의 정욕과 이생의 자랑을 무난히 극복하도록 말씀을 좇는 생활에 '올-인'해야 합니다.

잠언 16장 30절에서, "눈짓을 하는 자는 패역한 일을 도모하며 입술을 닫는 자는 악한 일을 이루느니라"라고 말씀합니다.
사도행전 24장 20절에서, "그렇지 않으면 이 사람들이 내가 공회 앞에 섰을 때에 무슨 옳지 않은 것을 보았는가 말하라 하소서"라고 말씀합니다.
그리스도인에게 육신적으로 절제할 때 말씀을 좇는 생활을 할 수 있으며 바울은 적극적으로 절제하는 생활을 권면하고 있습니다. 그 말씀을 외면하지 말아야 합니다.

로마서 6장 12절부터 14절까지에서, "… 그러므로 너희는 죄가 너희 죽을 몸을 지배하지 못하게 하여 몸의 사욕에 순종하지 말고 또한 너희 지체를 불의의 무기로 죄에게 내주지 말고 오직 너희 자신을 죽은 자 가운데서 다시 살아난 자 같이 하나님께 드리며 너희 지체를 의의 무기로 하나님께 드리라 죄가 너희를 주장하지 못하리니 이는 너희가 법 아래에 있지 아니하고 은혜 아래에 있음이라"고 말씀합니다.

넷째, 말씀을 좇는 생활

시편 1편 1절, 2절에서, "복 있는 사람은 악인들의 꾀를 따르지 아니하며 죄인들의 길에 서지 아니하며 오만한 자들의 자리에 앉지 아니하고 오직 여호와의 율법을 즐거워하여 그의 율법을 주야로 묵상하는도다"라고 말씀합니다.

여기서 율법은 말씀을 말하면서 그 말씀을 실천(行動)하면 복을 받는 것은 단순하고도 명확한 진리라고 시편 기자는 말하고 있습니다. 우리는 은혜로 말미암아 구원을 얻었습니다. 그 구원의 은혜는 이미 우리에게 계시하신 말씀을 믿음으로 얻게 되었습니다.

예수님은 부끄러움을 개의치 않으시고 십자가에 못 박혔습니다. 예수님은 우리가 져야 할 죄의 질고를 지고, 우리가 맞을 매(고난)를 대신 맞으셨습니다. 예수님은 채찍에 맞으므로 우리가 나음을 얻었습니다. 이러한 구속의 과정을 말씀으로 계시하고 우리에게 그 말씀을 보여주셨으며, 그 말씀을 좇아서 예수님을 믿고 구원을 얻었으며, 하나님의 백성이 되었습니다.

신명기 5장 29절에서, "… 다만 그들이 항상 이 같은 마음을 품어 나를 경외하며 내 모든 명령(말씀)을 지켜서 그들과 그 자손이 영원히 복 받기를 원하노라"라고 말씀합니다.
디모데전서 6장 15절에서, "기약이 이르면 하나님이 그의 나타나심을 보이시리니 하나님은 복되시고 유일하신 주권자이시며 만왕의 왕이시며 만주의 주시오"라고 말씀합니다.
말씀을 좇는 생활로 인하여 하나님 앞에 순종한 열국 중에 하나님의 소유가 되겠고 하나님 나라에서 영원히 살게 되었습니다.

로마서 6장 16절에서 "··· 죄의 종으로 사망에 이르고 혹은 순종의 종으로 의에 이르느니라"라고 말씀합니다.
누가복음 5장 5절에서, "시몬이 대답하여 ··· 말씀에 의지하여 내가 그물을 내리리이다"라고 말씀합니다.

베드로는 자신의 기술과 경험에 의존하여 밤새도록 그물을 내렸으나 한 마리의 고기도 못 잡았습니다. 그러나 말씀에 의지하여 그물을 내리는 순종함으로 그물이 찢어지도록 많이 잡았습니다. 베드로에게 예수님의 말씀대로 좇는 순종함이 없었다면, 그 순간까지 허탕이었을 것입니다. 이같이 말씀을 좇는 순종함은 인생의 결과를 완전히 바꿔놓을 수 있습니다. 하나님의 복은 우리가 말씀을 좇는데서부터 비롯된다는 것을 깨달아야 합니다. 우리가 지금 이순간 말씀을 순종하여 좇으므로 그 순간부터 복을 받고 그 복을 타인에게도 베풀며 멋있게 살아가야 하지 않겠습니까?

현
재
물
음
표
미
래
마
침
표
컬
럼
집

양을 위해 희생으로
이끄는 선한 목자 - ①

The good shepherd who sacrifices
for sheep - 1

Column 43

첫째, 양들을 위한 희생이 선한 목자의 본분

목자와 양과의 관계에서 목자는 양을 위해 희생하는 관계입니다. 양은 목자의 보호와 인도 없이는 양은 존재할 수가 없습니다. 여기서 '희생'이란 개념을 생각할 때, 목자는 양들을 이끄는 데 있어서 다른 선택의 여지가 없습니다. 대부분 목자로서 선한 행실의 목자가 되어야 하는데 그 본분을 지키지 않으면 거짓 목자, 삯군 목자가 되기 쉽습니다. 성경에서는 선한 목자, 지혜로운 지도자, 그리고 백성을 인도하는 선한 목자 되기를 가르치고 있습니다.

하나님께서 창조하시는 시대로부터 예수 그리스도께서 세상을 구속하시는 시대에 이르기까지 사람들은 짐승을 희생으로 드리면서 제사(예배)해 왔습니다. 이것은 율법을 실행해 온 것이기도 합니다. 구약에서의 율법은 양 떼의 첫 새끼를 주께 드리는 제물로 바치라는 명령을 받았기 때문입니다.

에스겔 20장 40절에서, "주 여호와의 말씀이니라 이스라엘 온 족속이 그 땅에 있어서 내 거룩한 산 곧 이스라엘의 높은 산에서 다 나를 섬기리니 거기에서 내가 그들을 기쁘게 받을지라 거기에서 너희 예물과 너희가 드리는 첫 열매와 너희 모든 성물을 요구하리라"고 말씀하고 있습니다.

그러나 신약시대에서의 복음의 가치와 희생으로서 마땅한 의식일 수는 없습니다. 주님께 드리는 예물로서 짐승은 흠 없고 완전해야 합니다. 이 의식은 사람들에게 하나님의 독생자 예수 그리스도가 세상에 오실 것과 그는 모든 면에서 완전하시며 우리의 죄를 위해 자신을 희생하실 것을 생각나게 하시는 것입니다.

예수 그리스도는 성경이 계시하는 이 지상에 오셔서 자신을 희생하셨습니다. 그의 희생으로 말미암아 모든 사람은 회개함으로써 그들의 죄로부터 구원될 수 있습니다. 그리고 그 구원의 완성으로서 부활하여 육체적 사망에서 구원되고 천국에 입성하여 영원히 살게 될 것입니다.

예수님의 대속의 희생은 피 흘리심의 희생으로 끝을 맺었습니다. 그리고 구세주의 위대하신 피의 희생을 기억하고 그 구속에 동참하는 의식으로 오늘날 교회에서 성찬에 참여하고 있습니다. 이런 의미에서 우리는 계속 성찬에 참여하여 그리스도의 희생에 감사하고 영광 은혜로움을 찬양해야 옳지 않겠습니까? 그러므로 성찬에서 떡과 물은 구세주의 찢기신 몸과 흘리신 피를 상징하므로 그리스도인은 그 예식에 진심으로 참여해야 합니다. 그것이 그리스도의 희생을 기억하고 구속함을 입은 천국백성으로 사는 것입니다.

   둘째, 목자로서 예수님은 희생의 제사를 완성하심
예수 그리스도의 피 흘림의 희생은 끝났으나, 그는 여전히 우리에게 희생하실 것을 요구하고 계십니다. 그러나 이제 예수 그리스도께서는 구약시대와는 다른 종류의 희생을 요구하십니다. 다음의 말씀은 그 희생에 대하여 말씀하고 있습니다.

에베소서 5장 2절에서, "그리스도께서 너희를 사랑하신 것 같이 너희도 사랑 가운데서 행하라 그는 우리를 위하여 자신을 버리사 향기로운 제물과 희생 제물로 하나님께 드리셨느니라"고 말씀합니다.
히브리서 10장 8절부터 10절까지에서, "… 주께서는 제사와 예물과 번제와 속죄제는 원하지도 아니하고 기뻐하지도 아니하신다 하셨고 이는 다 율법을 따라 드리는 것이라), 그 후에 말씀하시기를 보시옵소서 내가 하나님의 뜻을 행하러 왔나이다 하셨으니 그 첫째 것을 폐하심은 둘째 것을 세우려 하심이라 이 뜻을 따라 예수 그리스도의 몸을 단번에 드리심으로 말미암아 우리가 거룩함을 얻었노라"라고 말씀하십니다.

구약시대의 율법을 폐하시고 신약시대의 복음을 세우고 목자되기 위해 예수님은 단번에 희생 제사로 새로운 예배자가 되셨습니다. 상한 심령으로 죄를 회개해야 할 것입니다. 우리가 그렇게 행하지 않는다면, 구세주의 대속의 희생은 우리에게 별다른 영향을 미치지 못할 것입니다.

예수 그리스도는 양들과 같은 우리 그리스도인과 교회, 그리고 하나님 백성을 위해 지금도 여전히 희생하고 계신다는 것입니다.

현재 물음표 미래 마침표 컬럼집

양을 위해 희생으로 이끄는 선한 목자 - ②

The good shepherd who sacrifices
for sheep - 2

Column 44

셋째, 우리의 소유를 기꺼이 주께 희생할 것을 요구함

사도 바울은 그리스도인으로서 우리 자신을 하나님이 원하시는 대로 살아가야 하며, 그가 기뻐하시는 것은 거룩하게 드리는 살아 있는 예배(제사)이므로 그 예배를 드리는 거룩한 삶을 살아야 함을 권면했습니다(롬12:1 참조).

우리 자신을 산 제물로 드리기 위해서는 하나님이 요구하시면 우리가 가진 모든 것을 예수 그리스도의 교회를 위해 기꺼이 바쳐야 한다는 것을 말하고 있습니다. 어떤 부자 관원이 예수님께 이렇게 질문했습니다.

누가복음 18장 18절에서, "선한 선생님이여 내가 무엇을 하여야 영생을 얻으리이까?"라고 말씀합니다. 그리고 예수님께서는 다시 이렇게 대답했습니다.

누가복음 18장 20절에서, "네가 계명을 아나니 간음하지 말라. 살인하지 말라. 도적질하지 말라. 거짓 증언하지 말라. 네 부모를 공경하라 하였느니라"고 말씀합니다.

그 관원이 예수님께 다시 대답했습니다.

누가복음 18장 21절에서, "여짜오되 이것은 내가 어려서부터 다 지키었나이다." 그러자 예수님께서 그의 말을 들으시고 결론적으로 그 관원에게 단호하게 말씀하셨습니다.

누가복음 18장 22절에서, "예수께서 이르시되 네게 아직도 한 가지 부족한 것이 있으니 네게 있는 것을 다 팔아 가난한 자들에게 나눠 주라 그리하면 하늘에서 네게 보화가 있으리라 그리고 와서 나를 따르라 하시니"라고 말입니다.

그 청년(관원)은 영생에 관심을 갖지 않았습니다. 그의 마음은 오직 영생보다는 재물에 더 관심을 두었으므로 심히 근심했다고 했습니다(눅18:23). 예수님 앞에 나와서 영생의 질문을 했던 젊은 관원은 훌륭한 사람이었습니다, 그러나 그는 시험 앞에서 자신의 세상적인 재물을 포기하고 자신의 삶을 희생하려 하지 않았습니다.

이와는 반대로 주님의 제자인 베드로와 안드레는 하나님의 왕국을 위해 그들이 지금까지 관록과 경험을 포기하고 기꺼이 모든 것을 희생했던 모습을 보여 주었습니다.

마태복음 4장 19절, 20절에서, "… 나를 따라오라 내가 너희를 사람을 낚는 어부가 되게 하리라 하시니 그들이 곧 그물을 버려두고 예수를 따르니라"고 말씀합니다.

청년 관원과 제자인 베드로, 안드레는 각각 서로 다른 반응을 나타내고 그에 합당한 삶의 결과를 살았습니다. 우리도 제자들처럼 이런 결단을 해야 하며 "당신의 뜻대로 행할 것입니다"라고 말할 수 있어야 합니다.

아브라함도 이같이 하였습니다. 그는 그리스도가 오시기 전 양과 염소의 피를 흘려 그피로 드리는 제사와 번제가 요구되었던 시대에 살았습니다. 하나님께서는 그의 순종을 시험하기 위하여 그의 아들 이삭을 번제로 드리라고 명하셨습니다. 이삭은 아브라함과 사라 사이에 태어난 외아들이었으며 특히 100세에 낳은 아들이었습니다. 그를 번제(제물을 태움)로 바치는 것은 아브라함에게는 극히 불가능한 일이었으며 참기 어려운 질곡(桎梏) 같은 고통이었습니다.

그럼에도 불구하고 그는 이삭을 데리고 번제를 드리기 위해 모리아 산까지 먼 여행을 했습니다. 그들은 3일 동안 여행하면서, 아브라함의 심경과 번민은 너무 견디기 어려운 지경이었습니다. 그는 아들을 제사에 사용하기 위해 피흘리는 죽임을 통해서 여호와께 제물로 드려야만 했기 때문입니다. 곧 그들은 모리아 산에 도착했습니다. 이삭은 나무를, 아브라함은 불과 칼을 가지고 그들이 예배(제단)를 드릴 곳에 도착했습니다.

이때 이삭은 이렇게 물었습니다. "불과 나무는 있거니와 번제할 어린 양은 어디 있습니까?" 아브라함은 이렇게 말했습니다. "아들아 번제할 어린 양은 하나님이 친히 준비하실 것이다."

이에 아브라함이 그 곳에 단을 쌓고 나무를 벌려 놓고 이삭을 결박하여 나무 단 위에 놓고 손을 내밀어 칼을 잡고 이삭을 죽이려고 했습니다. 바로 그때 여호와의 사자가 그를 저지하여 말씀했습니다. 창세기 22장 1절부터 14절까지에서, "아브라함아, …그 아이에게 네 손을 대지 말라 아무 일도 그에게 하지 말라 네가 네 아들 네 독자라도 내게 아끼지 아니하였으니, 내가 이제야 네가 하나님을 경외하는 줄을 아노라"고 말씀합니다.

아브라함은 여느 때처럼 다시는 그의 아들 이삭을 제사의 희생물로 바치지 않아도 하나님께 인정받는 기쁨으로 충만하게 되었습니다. 아브라함은 하나님을 너무 사랑했기 때문에 그가 요구하시는 조건이리면 무엇이든지 주저하지 않고 행하려(순종) 할 때 절대절명의 순간인 이때, 이삭에게 피를 흘려 제사의 희생제물로 죽지 않아도 장차 예수 그리스도가 오셔서 제물로 피 흘려 죽었으나 다시 사는 부활을 예고(豫告)하는, 속죄의 모범을 미리 알리는 구속을 예표 Typoloragy)하는 것이었습니다. 그러므로 아브라함은 믿음의 조상, 믿음의 아버지라고 인정을 받았으며, 칭송을 받았습니다.

현재 물음표 미래 마침표 컬럼집

그리스도인 자녀에게
공급되는 선물이라는 교육 - ①

Education provided to children
of Christ - 1

Column 45

선물은 주고 싶은 주체(主體)가 받을 대상을 찾아서 일방적으로 조
건 없이 주는 것입니다. 성경은 자녀가 선물이라고 하면서 '하나님
이 우리에게 주신 기업이요 상급'이라고 말씀을 증언합니다.
시편 127편 3절에서, "보라 자식들은 여호와의 기업이요 태의 열매
는 그의 상급이로다"라는 말씀이 그 말씀입니다.

자녀는 하나님의 선물이기에 귀한 존재로 양육시키는 것이 부모들
의 사명(mission)입니다. 오늘날 자녀를 부모의 종속물로 여기거나
대리만족(Vicarious satisfaction)의 수단으로 여겨서는 하나님의 뜻
이 아닐 겁니다. 자녀는 하나님의 형상을 입은 고유한 인격체이므로
우리가 자녀를 위해 해줄 수 있는 가장 귀한 축복에서 가장 큰 비

중을 차지하고 있는 고유의 기능이 있습니다. 그것은 기도하는 가운데 '성경 말씀으로 교육하는 길'-The way of teaching by biblical words이라고 하는 것입니다. 물론, 교육이라는 주제는 포괄적인 개념을 지니고 있는 것이 틀림 없습니다. 그러므로 신중하게 이 길을 찾아서 그리스도인으로서 자신의 자녀에게 교육하는 열정의 모델을 찾고자 합니다.

  -생명의 근원되신 분에게 받는 선물
당시의 상황은 여인으로서 자식을 낳지 못하는 것은 스스로의 자격 박탈을 말합니다. 한나는 자식이 없어서 마음이 아픈 사람이었습니다. 그런데 그녀에게는 남이 갖지 못한 영적 지혜가 있었습니다. 부모가 자녀를 갖고자 해도 마음대로 안 되는 경우가 허다합니다. 왜냐하면 자녀는 사람의 힘으로 낳거나 키우는 것이 아니기 때문입니다. 오직 사람의 생명의 근원이 '하나님께로부터'(from God)라는 사실을 기억하고 하나님의 성전에 올라가서 하나님께 기도하여 귀한 아들 사무엘을 선물로 받았습니다.

본문에 한나의 신앙교육은 하나님의 사람, 큰 일꾼으로 완성되는 사무엘을 만들었습니다. 한나는 기도로 얻은 사무엘을 부모로서 마땅히 큰 인물로 만들고 싶었습니다. 기도로 모든 후원을 아끼지 않았습니다. 사무엘은 그 영향으로 유능한 지도력을 겸비한 사람으로 성장하게 되었습니다. 그는 나중에 선지자요 제사장이요 민족을 책임진 지도자로 성장하게 됩니다. 한나는 어떻게 하여 사무엘 같은 이런 귀한 아들로 성장시킬 수 있었습니까? 한나의 자녀교육은 오늘의 부모들에게 자녀에 대한 신앙교육의 모델로 제시되고 있습니다.

첫째, 영성이 깊은 자녀로 기르려는 사명감입니다.

한나의 기도는, 물리력의 힘이 인간을 구원하는 것이 아니라, 오직 하나님의 사랑만이 구원이라는 것을 보여줍니다. 한나는 자신의 약한 삶을 통해서, 하나님께서는 없는 데서 있게 하시고, 죽은 데서 살리시는 분임을 알게 되고 사랑하게 되었습니다.

사무엘상 1장 28에서, "… 그의 평생을 여호와께 드리나이다 …"라고 서원(誓願)하고 있습니다. 그러므로 많이는 사무엘을 하나님께 열심히 데리고 나왔습니다.

사무엘상 1장 24절, 25절에서, "젖을 뗀 후에 그를 데리고 올라갈새 수소 세 마리와 밀가루 한 에바와 포도주 한 가죽부대를 가지고 실로 여호와의 집에 나아갔는데 아이가 어리더라 그들이 수소를 잡고 아이를 데리고 엘리에게 가서…"라고 말씀합니다.

한나는 사무엘을 영성(spirituality)이 깊은 자녀로 기르기 위해 그를 하나님께 가까이 가야 한다는 것을 깊이 깨달았습니다. 그래서 아이에게 젖을 뗀 후 하나님의 전으로 데려가 엘리 제사장 앞에 두어 하나님의 신앙으로 양육하게 된 것입니다.

사람은 하나님이 공급하시는 영으로 살아갑니다(Man lives by the spirit supplied by God). 아무리 좋은 심성을 가졌다고 해도 그것으로 행복하고 영생의 복까지 누릴 수는 없습니다. 인간에게 가장 중요한 성품은 영성(靈性)입니다. 기독교의 영성의 궁극적 목표는 하나님의 성품에까지 성장하는 것을 말합니다(The ultimate goal of Christian spirituality is to grow to God's character).

사무엘은 성전에서 자라면서 하나님의 음성을 듣게 되면서 인생이 달라졌습니다. 사무엘은 보통의 품성에서 하나님의 영성으로 변해갔습니다. 그의 심성(mind), 기질(temperament), 습관(habits) 그리고 운명(destiny)까지 변화된 성품으로 결정되어 갔습니다.

그러므로 사무엘과 같이 그리스도인의 영성은 주로 교회 공동체를 통해서 개발되고 훈련되어 집니다. 사무엘처럼 우리 자녀들도 교회 생활을 잘 하면 바른 영성을 소유할 수 있습니다. 영성이 깊은 자녀는 하나님을 사랑하고 사람을 사랑하며 자신을 사랑할 줄 압니다. 영성이 깊어지면 삶의 목적과 가치가 달라지고, 윤리와 질서를 알게 되며, 선과 악을 구분하며, 시비(是非)를 분별할 줄 압니다. 그러므로 그리스도인의 영성은 평생을 두고 진행되는 성화의 과정입니다.

우리의 자녀들은 하나님이 계시는 성전에 있어야 하나님이 책임져 주시고, 하나님이 그 앞길을 축복하시는 것입니다. 우리는 한나 같이 아예 하나님의 사람으로 맡길 수는 없어도 언제나 기도하고 찬송하고 하나님께 경배하고 예배드리는 교회에 우리 자녀들을 맡겨야 합니다. 학교는 하루만 빠지면 큰일 나는 줄 알면서, 교회는 시간 여유가 생기면 보내는 부모가 되어서는 하나님께서 그런 자녀의 앞길을 책임지지 않을 것 같다는 것입니다. 혹시 자녀를 교회에 데려 왔지만 아이들이 예배를 드리는 일에 방해가 될 때가 있습니다. 울고 보채고 가만히 있지 못하고 부단히 혼란하게 움직입니다. 성장하는 자녀이므로 쉴 새 없이 행동합니다. 그런 이유로 교회에 열심을 내지 못하거나 또 우리 자녀들을 교회로 인도하지 않는다면 기독교교육이 성립되지 못합니다.

그러나 비록 자녀들이 쉽게 교회생활에 적응하지 못할 수 있지만, 자녀들에게 교회에 적응하도록 부모가 기도하면서 신앙적으로 노력하면 머릿속에 예배의 방법을 자신도 모르는 사이에 배우게 되는 것입니다. 하나님을 경외하는 신앙지식(信仰智識)이 본인도 모르는 사이에 그들의 마음속에 들어가 훌륭한 그리스도인이 된다는 것입니다. 그들을 계속해서 하나님의 전에 데려다 놓으면 우리가 책임지는 것이 아니라, 하나님이 책임지시고 사무엘 같은 귀한 인물들로 만들어 주시는 이 말씀을 믿어야 하지 않겠습니까?

현재물음표미래마침표컬럼집

그리스도인 자녀에게
공급되는 선물이라는 교육 - ②

Education provided to children
of Christ - 1

Column 46

둘째, 엄마가 자녀를 사랑하는 본성과 기도로 길렀습니다.

한나는 사무엘을 위하는 본성(本性)은 그의 기도의 태도에서 찾아볼 수 있습니다. 누구보다 열심히 기도한 사람, 한나는 아들을 얻기 위하여 밤을 새우고 서원하고 통곡하며 기도했습니다. 그 모습이 너무도 지나쳐 엘리 제사장은 술 먹은 사람인 줄 알고 포도주를 끊으라고 책망할 만큼 열정적으로 기도했던 어머니였습니다. 그렇게 해서 아들을 잉태했으므로 뱃속의 태아를 위해 기도를 부지런히 했습니다. 당시는 의학이 발달하지 않았고 태아에 대한 지식이나 상식이 무지한 시기였습니다. 자연히 태아가 순산하게 해 달라고 하나님께 도움을 요청하며 최선을 다하는 기도를 한 것입니다. 그리고 그 아들을 낳은 후에도 기도를 쉬지 않았을 것입니다.

한나는 그 아들 사무엘을 양육하면서 성전에 함께 와서 자신을 소개할 때, 에브라임에 사는 '엘가나의 아내 한나'라고 소개하지 않았습니다. 자신을 '기도하던 여자'(I'm the woman praying)라고 소개했습니다.

사무엘상 1장 26절, 27에서, 한나가 이르되 내 주여 당신의 사심으로 맹세하나이다 나는 여기서 내 주 당신 곁에 서서 여호와께 기도하던 여자라 이 아이를 위하여 내가 기도하였더니 내가 구하여 기도한 바를 여호와께서 내게 허락하신지라"고 말씀하고 있습니다.

비록 자신의 정성을 다해 아이를 낳았지만 그 자녀의 생명을 허락해서 자신에게 주셨던 하나님을 기억한 것입니다. 그 기도를 응답하신 결과로 사무엘을 주셨다고 창조주 하나님께 영광을 돌렸던 것입니다. 자녀를 사랑하십니까? 성공을 간절히 바라고 계십니까? 자녀의 육신의 강건,(剛健)을 위하여 보약을 먹여 키워야 합니다. 그러나 자녀들의 영혼의 강건을 위하여 어머니와 아버지의 기도가 보약(補藥)이 됩니다. 자녀의 생명과 양육, 성공과 형통은 오직 하나님께서 쥐고 계십니다. 사랑한 만큼 열심히 기도해야 할 것 같습니다.

모니카는 남편이 하나님을 믿지 않는 이방인이었습니다. 그녀는 남편의 구원을 위하여 16년을 기도했습니다. 또한 그녀는 자녀를 주님의 말씀으로 양육하고 교훈하고 훈계하기를 지극 정성을 다했습니다. 모니카는 사랑하는 아들 어거스틴(st. Aurelius Augustinus, 354-430)을 위해 최고의 학문을 가르쳤습니다. 그러나 훌륭한 교육의 목적은 아들이 이러한 교육과정을 통하여 좀 더 하나님께 가까

워지게 하려는 것이었습니다. 그러나 어거스틴은 젊음의 욕정과 자만을 경계하는 어머니의 교훈을 무시하고 한 여인과 동거에 들어갔고 아데오다투스라는 아들을 낳았습니다. 모니카는 아들이 빗나가거나 반항하는 삶을 살아도 자식을 비난하기보다는 아들이 하나님께로 돌아오기를 쉬지 않고 기도하였다. 사랑하는 아들 어거스틴을 위한 모니카의 간절한 기도는 장장 수십 년 동안 계속되었습니다.

우리 그리스도인은 자녀들을 위하여 얼마나 기도하십니까? 기도는 잊어버리고 먹이는 것, 입히는 것, 공부시키는 것에만 관심을 갖지 않으십니까? 기도는 돈이 들 필요도 없습니다. 때와 장소가 필요하지도 않습니다. 길을 가면서도 버스를 타고서도 하나님과 교통하며 자식의 장래를 위하여 간구 할 수 있는 우리 성도에게 주신 최고의 특권(特權)이자 축복입니다. 하나님이 우리 자녀들을 도와주셔야 그들의 길이 열립니다. 하나님이 도와주셔야 형통한 축복을 얻습니다. 야곱이 요셉을 사랑한 만큼 그를 위해 기도했습니다. 그 기도를 하나님이 아시고 도와주실 때 애굽에 팔려 가든지 감옥에 가든지 서슬이 퍼런 바로 왕 앞에 꿈을 해몽하러 가든지 형통의 축복으로 하나님께서 복을 주셨습니다. 그리스도인은 자녀들을 위하여 기도에 최선을 다해야 하지 않겠습니까?

셋째, 신앙의 본을 자녀에게 보여 주어야 합니다.
한나는 어린 사무엘을 떼놓는 것은 가슴 아픈 일이지만 사무엘이 어릴 때부터 옳은 신앙의 본(本)을 배우게 한 것입니다. 사무엘이 하나님의 속성과 자비와 사랑을 어릴 때부터 배워가려면 그를 성전에 맡겨야 했습니다. 성전의 엘리 제사장을 아버지로 모시고 하나님을 섬기도록 한 것입니다. 그것은 신앙의 본을 지극히 거룩하신 분, 하나님을 통해서 감동을 받도록 했습니다.

아이 사무엘은 울지도 않고 보채지도 않고 하나님께 경배하기를 즐 겼습니다. 사무엘은 특별한 아이라서 천재여서 그렇게 했습니까? 그 러나 비록 짧은 기간이지만 어머니의 삶을 통하여 하나님의 존귀하 게 여기고 섬기는 자세를 배웠기 때문입니다. 하나님이 그보다 더 중요하다는 것을 어린 사무엘은 어머니로부터 배워서 가능한 것입 니다. 가슴 저리도록 아프고 힘들지만 어린 자식에게 필요한 지식이 무엇인가를 바로 알고 그 교육적인 방법을 마다하지 않고 결단하는 한나가 있었기에 민족적인 지도자 사무엘이 만들어진 것입니다.

우리 그리스도인은 하나님과 사람 앞에 바르게 사는 부모로서 자녀 들을 바르게 가르쳐야 할 책임이 있습니다. 더 이상 온실에서 화초 처럼 키우는 그런 자녀들을 양산(量産)하는 것을 금해야 합니다. 영 성이 깊은 자녀로 기르려면 교회 공동체에 맡겨서 주님께서 교육하 도록 조처해야 합니다. 부모가 자녀를 사랑하는 본성과 기도로 양육 하면 그 자녀는 패가 망신당하지 않습니다. 그리고 신앙의 본(本)을 자녀에게 보여주어 그 자녀로 하여금 하나님을 우리 부모세대 보다 더 잘 경외하도록 노력해야 할 것입니다.

현재물음표미래마침표컬럼집

대 반전의 하나님- ①

God of great reversal-1

Column *47*

우리 그리스도인이 세상을 살아갈 때 원하든 원하지 않든 크고 작은 원수들을 만나게 됩니다. 거기에 성경은 원수에 대해 우리가 어떤 마음가짐을 가져야 하는지를 가르쳐 줍니다(시 23:5). 즉 원수를 맞설 때 하나님께서 우리 그리스도인 앞에 진수성찬을 차려 주셔서 먹고 마시고 힘을 얻어 원수를 이기게 하십니다. 그리고 성령의 기름을 부으셔서 잔이 넘치는 상(償)을 주십니다. 이 사실이 가장 잘 증명된 말씀이 바로 성경 에스더에 있습니다.

첫째, 바사(파사) 왕 아하수에로의 왕후 에스더

-바벨론에 포로로 잡혀간 유다인의 자손 모르드개는 사촌 동생 에스더를 딸같이 양육했습니다.

에스더 2장 7절에서, "저의 삼촌의 딸 하닷사 곧 에스더는 부모가 없고 용모가 곱고 아리따운 처녀라 그 부모가 죽은 후에 모르드개가 자기 딸 같이 양육 하더라"고 말씀하고 있습니다.

-왕후 와스디의 폐위에 이어 에스더는 왕후가 됩니다.
-전국의 처녀들 중 에스더가 간택됩니다(에 2:12-16).

에스더 2장 17절에서, "왕이 모든 여자보다 에스더를 더 사랑하므로 그가 모든 처녀보다 왕 앞에 더 은총을 얻은지라 왕이 그의 머리에 관을 씌우고 와스디를 대신하여 왕후로 삼은 후에"라고 기록된 말씀이 에스더의 위치를 증명해 주고 있습니다.

둘째, 왕궁의 하급 관리 모르드개
-충성스런 고발입니다.
왕궁 문지기 내시 빅단과 데레스의 임금 암살 모의(謀議)를 고하여 그 사건을 막게되었습니다(에 2:21-23).
-아말렉 족속인 최고 대신 하만에게 유다인 하급 관리 모르드개 혼자만 엎드려 절하지 않았습니다(에 3:1-7).
-하만의 분노가 오히려 자신을 망하게 하는 것이었습니다.
하만은 불같은 성격의 소유자로서 왕에게 국가정비 계획을 핑계로 12월 13일로 허락받았습니다. 그것은 하만의 심중에 '유다인(모르드개 포함)'을 진멸할 모험이었습니다. 다음 말씀이 증명해 줍니다.

에스더 3장 8절부터 11절까지, 하만이 아하수에로 왕에게 아뢰되 한 민족이 왕의 나라 각 지방 백성 중에 흩어져 거하는데 그 법률

이 만민의 것과 달라서 왕의 법률을 지키지 아니하오니 용납하는 것이 왕에게 무익하니이다 왕이 옳게 여기시거든 조서를 내려 그들을 진멸하소서 내가 은 일만 달란트를 왕의 일을 맡은 자의 손에 맡겨 왕의 금고에 드리리이다 하니 왕이 반지를 손에서 빼어 유다인의 대적 곧 아각 사람 함므다다의 아들 하만에게 주며 이르되 그 은을 네게 주고 그 백성도 그리하노니 너의 소견에 좋을 대로 행하라 하더라"고 말씀합니다.

셋째, 에스더에게 전한 모르드개의 호소
　-에스더와 시녀들 및 모르드개와 전 수산의 유다인들이 삼일주야 금식하며 부르짖었습니다.

에스더 4장 13절, 14절에서, 16절까지에서, "모르드개가 그를 시켜 에스더에게 회답하되 너는 왕궁에 있으니 모든 유다인 중에 홀로 목숨을 건지리라 생각하지 말라 이 때에 네가 만일 잠잠하여 말이 없으면 유다인은 다른 데로 말미암아 놓임과 구원을 얻으려니와 너와 네 아버지 집은 멸망하리라 네가 왕후의 자리를 얻은 것이 이 때를 위함이 아닌지 누가 알겠느냐 하니, 에스더가 모르드개에게 … 유다인을 다 모으고 나를 위하여 금식하되 밤낮 삼 일을 먹지도 말고 마시지도 마소서 나도 … 금식한 후에 규례를 어기고 왕에게 나아가리니 *죽으면 죽으리이다* 하니라"고 했습니다.

　-에스더는 왕을 알현(謁見)했습니다.
에스더는 왕을 알현하기 위해서 그 앞에 나가는 것은 목숨을 담보로 하는 것입니다. 그것은 왕이 왕후(에스더)를 먼저 부르기 전에 왕 앞에 나가는 것입니다. 그러나 에스더는 엄격한 규례를 어기고 '*죽으면 죽으리라!*'는 각오로 왕 앞에 나갔습니다. 생명을 내건 대모험이었습니다. 에스더가 갑자기 왕 앞에 나갔을 때 다행히 왕이 궁홀을 베풀어 손을 내밀어 에스더를 맞아 주었습니다. 그리고 왕이 에스더에게 무슨 소원(김請)이 있느냐고 묻자, 에스더는 자신이 배설한 잔치에 왕과 함께 하만을 초청했습니다(에 5:2-8).

　-이튿날 왕이 하만을 불러 에스더의 잔치에 참석했습니다. 이미 교만한 마음으로 충만한 하만은 문지기 모르드개가 자신에게 존경하지 않는 것을 보고 집에 와서 아내와 친구들에게 불만을 토로하고 모르드개를 매어 달 높은 장대를 세워 놓았습니다.

에스더 5장 9절부터 14절까지에서, "이 날에 하만이 마음이 기뻐 에스더가 준비한 잔치에 즐거이 나오더니 모르드개가 대궐 문에 있어 일어나지도 아니하고 몸을 움직이지도 아니하는 것을 보고 심히 노하나 참으면서(건방진 모르드개 및 유다인을 멸할 계획을 세움) … 또 가로되 왕후 에스더가 그 베푼 잔치에 왕과 함께 오기를 허락받은 자는 나(하만) 밖에 없었고 내일도 왕과 함께 청함을 받았느니라 그러나 유다 사람 모르드개가 대궐 문에 앉은 것을 보는 동안에는 이 모든 일이 만족하지 아니하도다 그 아내 세레스와 모든 친구가 이르되 오십 규빗이나 높은 나무를 세우고 내일 왕에게 모르드개를 그 나무에 달기를 구하고 왕과 함께 즐거이 잔치에 나아가소서 하만이 그 말을 선히 여기고 명하여 나무를 세우니라"고 했습니다. 곧 결과는 밝혀지겠지만 그 높은 장대 위에 모르드개 대신 하만이 달려서 비참하게 죽음을 당했습니다.

현재물음표미래마침표컬럼집

대 반전의 하나님- ②

God of great reversal-2

Column **48**

넷째, 원수의 목전에서 상(床)을 베푸신 하나님

-왕이 잠이 오지 않아 내시에게 왕궁 일기를 읽게 했습니다.

궁중의 내시가 밤에 잠을 못 이루는 왕을 위해 역대일기(왕궁일기)를 읽는 중에 모르드개가 왕 자신을 위해 위험한 일을 발견하여 고발한 건에 관해 상(賞) 주기를 원했습니다(에 6:1-3).

-에스더, 므르드개를 살해할 모의한 하만에게 묻습니다.

왕궁일기에서 자신을 위해 할 모의를 고발했던 모르드개에게 상주기 위해 하만에게 왕이 자신을 위해 공로를 세운 일을 어떻게 해야 하느냐고 의견을 물었습니다. 그러자 하만은 자신에게 상을 줄 것을 잘못 예견하고 "왕의 보장과 왕관을 씌우고 말에 태워 성중(城中)의

거리를 가게하고 백성에게 그 일을 알려야 합니다"라고 진언해 올렸습니다.

　-하만은 자신의 상인 줄 착각, 상줄 자에게 큰상을 베푸소서.
에스더 6장 4절부터 11절까지, "… 하만이 들어오거늘 왕이 묻되 왕이 존귀하게 하기를 원하는 사람에게 어떻게 하여야 하겠느냐 하만이 심중에 이르되 왕이 존귀하게 하기를 원하시는 자는 나 외에 누구리요 하고 왕께 아뢰되 왕께서 사람을 존귀하게 하시려면 왕께서 입으시는 왕복과 왕께서 타시는 말과 머리에 쓰시는 왕관을 가져다가 그 왕복과 말을 왕의 신하 중 가장 존귀한 자의 손에 맡겨서 왕이 존귀하게 하시기를 원하시는 사람에게 옷을 입히고 말을 태워서 성 중거리로 다니며 그 앞에서 반포하여 이르기를 왕이 존귀하게 하기를 원하시는 사람에게는 이같이 할 것이라 하게 하소서 …"라고말합니다.

　-에스더가 왕에게 하만의 음모와 악행을 고했습니다.
에스더 7장 3절부터 6절까지에서, "왕후 에스더가 대답하여 가로되 왕이여 내가 만일 왕의 목전에서 은혜를 입었으며 왕이 선히 여기시거든 내 소청대로 내 생명을 내게 주시고 내 요구대로 내 민족을 내게 주소서 나와 내 민족이 팔려서 죽임과 도륙함과 진멸함을 당하게 되었나이다 만일 우리가 노비로 팔렸더면 내가 잠잠하였으리이다 그래도 대적이 왕의 손해를 보충하지 못하였으리이다 아하수에로 왕이 왕후 에스더에게 일러 가로되 감히 이런 일을 심중에 품은 자가 누구며 그가 어디 있느뇨 에스더가 가로되 대적과 원수는 이 악한 하만이니이다 하니 하만이 왕과 왕후 앞에서 두려워하거늘"이라고 말씀하고 있습니다.

　-잔칫상에서 당한 하만의 파멸입니다.
에스더가 왕에게 자기와 동족의 생명을 구해주기를 간청하고 악한 하만의 음모를 왕에게 고하자 왕은 하만을 높은 장대의 나무에 매달게 했습니다. 왕이 다시 조서를 내려 참극의 날에 도리어 유다인이 대적을 멸하도록 *대역전 되었으며*, 이 일을 기념하여 부림절을 지켰습니다(에 8:11-13, 9:20-28).

　-모르드개를 죽이려다 하만 자신이 몰락합니다.
하만이 모르드개를 죽이려는 허락을 왕에게 받으러 갔을 때 왕이 오히려 상에 대한 건에 관해 물었습니다. 이때 하만은 자신의 상인 줄 착각했지만 결과는 하만 자신이 세운 높은 장대에 매달려 죽고 (몰락) 말았습니다.

　* 하만의 몰락까지의 과정
　-왕이 잠이 오지 않아 왕궁 일기를 읽게 했습니다.
　-에스더, 므르드개를 살해할 모의한 하만에게 묻습니다.
　-하만 자신의 상인 줄 착각, 영화와 존귀를 베풀어야 합니다.
　-에스더가 왕에게 하만의 악행을 고했습니다.
　-모르드개를 죽이려다 하만 자신이 처형(몰락) 당했습니다.

하나님은 살아계신 주권적 왕이시고 심판자이시므로 우리 그리스도인은 모든 문제를 공의의 하나님께 맡겨야 진정한 승리를 얻게 됩니다. 다음 말씀이 그 모든 문제를 해결해 주시고 승리하게 해 주신다고 약속하고 있습니다. 이 말씀을 믿고 꽉 막힌 문제의 현실을 극복해야 하지 않겠습니까?

로마서 12장 19절부터 21절까지에서, "내 사랑하는 자들아 너희가 친히 원수를 갚지 말고 하나님의 진노하심에 맡기라 기록되었으되 원수 갚는 것이 내게 있으니 내가 갚으리라고 주께서 말씀하시니라 네 원수가 주리거든 먹이고 목마르거든 마시게 하라 그리함으로 네가 숯불을 그 머리에 쌓아 놓으리라 악에게 지지 말고 선으로 악을 이기라"고 말씀합니다.

현재물음표 미래마침표 컬럼집

통찰력으로 얻는
말씀의 축복 - ①

The blessing of words from insight - 1

Column *49*

우리의 삶은 매우 제한적 한계 속에서 꾸려가고 있습니다. 반면, 생명의 속성을 지닌 말씀인데 그중 복음서를 혜안적(慧眼的)으로 본다고 하면서 예수 그리스도에 대하여는 제한적인 시각에 판단해 버리는 우(愚)를 일상적으로 범했다는 것을 부인하지 못합니다. 예수 그리스도를 바로 알려면 부분과 함께 전체를 보도록 하는 겁니다.

신약 전체가 소개하는 예수 그리스도, 구약 전체가 소개하는 예수 그리스도, 그리고 성경 전체가 소개하는 예수 그리스도를 볼 수 있어야 합니다. 오늘날 교회 공동체 안에서 성경 교사역할을 담당하는 목회자가 필요한 것은 바로 이런 점에서 일겁니다. 설령 부분을 보더라도 거기서 제한되기 쉬운 그리스도인은 전체를 살피듯 모두를 헤아리는 통찰력의 은혜(the grace of insight)를 받아야 합니다.

첫째, 예수 그리스도의 통찰력은 무엇인가?를 생각해 봅니다. 헤아림으로 부분과 전체를 살피게 되면, 거기서 얻는 진리는 솔솔한 것이 됩니다. 오늘 본문과 그 전후 맥락에서 주님은 어떤 분으로 소개되고 있는가? 고기 많이 잡게 하시는 분, 문둥병 고쳐 주시는 분. 이런 표현들이 주님을 제대로 표현한 것인가? 부분을 볼 때는 맞는 말이지만, 전체적으로 볼 때는 오해의 소지가 있는 표현일 수 있습니다. 고기를 많이 잡도록 해 주시는 주님의 관심은 어디에 있는가? 문둥 병자,한센 병자를 고치시는 주님의 관심은 무엇인가? 라는 등 궁금증에 대한 이슈를 심도 깊게 다뤄야 할 것입니다.

둘째, 제자들의 통찰력은 예수 그리스도와 같습니까? 누가복음 5장 10절에서, "세베대의 아들로서 시몬의 동업자인 야고보와 요한도 놀랐음이라 예수께서 시몬에게 이르시되 무서워하지 말라 이제 후로는 네가 사람을 취하리라 하시니"라고 말씀합니다.

제자들이 예수 그리스도로부터 직접 부름을 받았다는 것을 말씀하면서 계속해서 밝히고 있습니다.

누가복음 5:11에서 "그들이 배들을 육지에 대고 모든 것을 버려 두고 예수를 따르니라."

제자들이 부름 받고 예수님을 좇을 때에 작지 않은 희생을 치렀음을 보여주고 있습니다. 그리스도인은 여기서 어떤 간격을 보면서 그들을 부르신 예수 그리스도의 그들에 대한 기대나 목적을 살펴야 합니다. 예수님의 부름을 받고 그 부름에 응하여 예수님을 따라나선 그들을 연관 지어야 합니다. 그들의 기대와 목적이 반드시 일치하는 것이 아니라는 사실입니다.

제자들은 무슨 기대와 목적을 가지고 그 부름에 응하고 있습니까? 이후에 기록된 제자들의 언행(言行)을 보면 다음과 같은 사실을 짐작해 볼 수 있습니다. 자기 혼자 힘으로는 도무지 기대할 수 없는 존귀와 영광이라는 문제를 생각했을 것입니다. 즉 예수 그리스도의 능력을 힘입어 성취해 보려는 그들의 기대와 목적이 있다는 것입니다. 그 시대 속에서 '큰 자 되는 것'과 '으뜸이 되는 것'이 그들의 주된 관심사였습니다. 단지 복음서에서 보이는 제자들의 주요 관심은 "누가 더 크냐?"는 것이었습니다.

예수 그리스도께서는 무슨 기대와 목적을 가지시고 그들을 부르셨습니까? 그들은 찰나적인 존재가 아니요. 영원의 존재이며, 일생에 매여 살 존재가 아니라 영생을 추구하며 살 존재라는 것을 주님께서 그들에게 깨우쳐 주셨습니다. 예수님의 관심은 일생의 존귀와 영광이 아니라 영원무궁한 영광과 존귀를 그들의 것으로 안겨주려는 목적을 가지고 있었습니다. 또 하나님의 나라에서 크고 존귀한 자가 되도록 하시는 것. 제자들의 관심에 대해 보이신 주님의 응대(應對)는 다음 말씀에서 잘 나타나 있으며 진리의 교훈을 얻어야 합니다.

"내 나라는 세상 나라와는 다르다"고 합니다.
주님의 나라는 종 된 자가 크게 되고,
섬기는 자가 으뜸이 되는 세계라고 합니다
(The kingdom of God is a world in
which those who become servants become great,
and those who serve become the first).

225

현
재
물
음
표
미
래
마
침
표
컬
럼
집

통찰력으로 얻는
말씀의 축복 - ②

The blessing of words from insight - 2

Column 50

넷째, 예수 그리스도와 통찰력이 다르면 바른 교훈은 없다.

초대교회 공동체 안에서도 갈등은 발생했습니다. 서로 다른 기대와 목적 때문입니다. 이런 긴장과 갈등은 다음과 같이 사사건건 나타납니다. "누가 더 크냐?" "지금 우리가 크게 되는 길을 제대로 걸어가고 있는가?" 심지어 예수님의 모친까지 대동하여 이 면을 확실히 해 놓으려는 모습까지 나타납니다. 모친을 대동한 자들이나 그들에 대하여 분개한 자들이나 내면의 관심은 마찬가지입니다. 결국 십자가에서 예수 그리스도께서 구속사역을 감당하시는 현장에서도 이 긴장과 갈등이 나타납니다. 주님을 따르기 위해서 많이 희생하면 할수록 상실감과 피해감이 더 커질 수도 있습니다. "그동안 주님을 따르기 위해서 치른 희생이 얼만데…"라고 말입니다. 대부분 그리스도인의 기도의 삶의 경우에서 생각해봅니다. 예수 그리스도를 처음 따르는 그리스도인의 기대와 목적은 그의 뜻대로 하는 경우일 겁니다. 그러나 한편으로 통찰해 보면, 자신의 기대와 목적만을 견고히 하는 것일 수 있다는 것을 경계해야 합니다. 이런 경우, 말씀 속에서 예수님께서 자신에게 말씀한다는 사실이라는 통찰을 해야 한다는 것입니다. 그렇지 않고 이런 기도는 하면 할수록 그리스도인으로서 어두운 세상 현장에서 긴장과 갈등은 더 커지게 마련입니다.

다섯째, 하나님 주권에 대한 통찰력은 진리에 이르게 합니다. 제자를 부르신 주님의 기대와 목적이 무엇인지 다시 통찰해 봅니다. 요한복음 15장 16절에서, "너희가 나를 택한 것이 아니요 내가 너희를 택하여 세웠나니 이는 너희로 가서 열매를 맺게 하고 또 너희 열매가 항상 있게 하여 내 이름으로 아버지께 무엇을 구하든지 다 받게 하려 함이라"고 말씀합니다.

여기서 말하는 과실이 무엇을 말하는 것입니까?
   첫째, '성도다운 삶'(the life as a Christian).
   둘째, '성도다운 인품'(the Personality as a Christian).
   셋째, '그리스도의 형상'(It's the image of Christ?) 입니까?

우선, 우리 그리스도인은 위에서 말한 '일'을 위해서 부르셨습니다. 그리고 나아가서 '일'을 넘어 그 일을 통해서 빚어지는 인격을 위해, 그리스도의 형상을 덧입도록 부르신 것입니다. 다음, 한 걸음 더 나아가 하나님의 영광을 위해서 부르셨다는 통찰력을 가져야 할 것입니다. 끝으로, 자신의 신앙을 고백하는 데까지 나아가야 할 것입니다.

다음에 소개하는 몇 구절 말씀을 보면, 그 의미는 더욱 분명해집니다. 이에 통찰력으로 얻는 하나님 은혜가 얼마나 큰지 모릅니다.

베드로전서 2장 9절에서, "너희는 택하신 족속이요 왕 같은 제사장들이요 거룩한 나라요 그의 소유가 된 백성이니 이는 너희를 어두운 데서 불러내어 그의 기이한 빛에 들어가게 하신 이의 아름다운 덕을 선포하게 하려 하심이라"

베드로후서 1장 4절에서, "이로써 그 보배롭고 지극히 큰 약속을 우리에게 주사 이 약속으로 말미암아 너희가 정욕 때문에 세상에서 썩어질 것을 피하여 신성한 성품에 참여하는 자가 되게 하려 하셨느니라".

요한복음 15장 8절에서, "너희가 열매를 많이 맺으면 내 아버지께서 영광을 받으실 것이요 너희는 내 제자가 되리라".

빌립보서 1장 11절에서, "예수 그리스도로 말미암아 의의 열매가 가득하여 하나님의 영광과 찬송이 되기를 원하노라"고 말씀하고 있습니다.

그러므로 "십자가 없이 면류관 없습니다"(No cross, no crown). 사도들도 평생을 산 뒤에 마지막 순교의 길을 가면서 자신들을 부르셨던 주님의 기대와 목적에 대하여 통찰력을 가졌으리라 기대됩니다. 예를 들어 요한의 형제 사도 야고보에 대하여 생각해 봅니다. 형과 함께 어머니를 모시고 나아와 예수님께 확실히 해 놓고자 하였습니다. 그들이 구한 존귀와 영광과 예수님께서 그들에게 주시려고 하신 영광과 존귀는 차원(次元)이 달랐습니다. 제자 사도 야고보는 헤롯 아그립바 때에 순교를 당했습니다. 사도 중 가장 먼저 순교한 셈입니다. 이후 나머지 사도들도 차례대로 순교의 길을 걸었습니다. 이들 모두가 우리 주님께서 원치 않으셨던 길을 간 것일까요? 아닙니다. 주님께서 원하시고 예비하신 그 길을 간 것입니다. 일시적인 영광과 존귀가 아니라, 영원한 영광과 존귀, 그 고난과 순교의 값을 치루지 않고서는 이룰 수 없는 영광과 존귀의 길로 그들, 제자들은 걸어갔던 것입니다.

우리는 이 모든 것을 성경과 교회사를 통하여 다 본 장본인입니다. 주님의 목적과 기대를 통찰하므로 우리를 부르신 주님의 소명에 바르게 응해야 할 것입니다. 그리고 우리를 향하신 그분의 기대와 목적을 제대로 통찰하여 쓸데없는 긴장과 갈등에 빠지지 말고, 주님의 마음을 통찰하면서 우리의 남은 날들을 계수하면서 사는 것이 '사려 깊고 울림이 있는 통찰력 삶'(Thoughtful and resonant insight life)입니다.

현재 물음표 미래 마침표 컬럼집

현재 물음표를
미래 마침표로! - ①

Present Question, Future Period! -1

Column 51

-우리 그리스도인이 하나님 나라의 완성 과정에 서 있을 때 답답한 물음을 주님께 던지면 그에 대한 응답은 다음과 같습니다.
하나님의 백성으로서 그리스도인의 여정을 살면서 십자가 고통만을 목표로 뛰는 사람은 없습니다. 지금 가는 그 걸음이 고난의 행진이라 할지라도 그 마지막 골인지점이 구속(救贖)의 승리와 면류관으로 연결되어 있으므로 그 길을 마다하지 않는 것입니다.

고생을 목표로 한 고생, 눈물을 미덕으로 여기는 눈물, 십자가를 미화하는 십자가는 마침내 미래에 복음으로 쟁취해야 합니다. 우리에게 현재 물음표를 미래에 마침표로 찍기 위해선 위대한 승리, 최종적 영광의 면류관은 반드시 현재의 진행으로서 있어야 합니다.

우리 그리스도인은 복음의 증인이라서 따라붙는 고난 속에서 늘 물음표 같은 현재 삶 가운데 노출되어 있습니다. 그러나 오직 하나님 나라의 완성을 그리는 미래의 마침표를 바라보면서 그 사이에서 갈등하는 실존(實存)의 나그네임을 부정할 수 없습니다. 우리가 하나님 나라를 완성시키며 나가는 현실에서 너무 답답하여 하나님께 물을 때, 언제나 나중에 마땅한 응답으로 하나님께서 완성해 주시는 분명하고 놀라운 사실을 생명의 말씀 안에 있다는 것입니다.

　첫째, 왜 우리의 삶은 언제나 물음표입니까?
　-우리 그리스도인의 현재적인 삶은 구속을 이루는 하나님 백성이지만 여전한 물음표의 삶입니다.
이사야 43장 19절에서, 이스라엘 백성에게 오늘 하나님께서 '새 일을 시작할 것'이라고 선포했던 시기가 약 BC 700년 경부터 AD 2700년 경입니다. 그 현장은 이스라엘 백성이 바벨론에게 포로로 잡혀있던 현장이었습니다. 이는 여전히 절망과 죽음의 장소를 말하고 있습니다. 또한 이보다 약 700여년 경으로 거슬러 올라가 보면, 광야 길의 이스라엘 백성의 여정(旅程)을 살필 수 있습니다.

하나님은 세상의 많은 민족 가운데 특별히 한 민족을 지명해서 구속을 이루는 제사장 국가로 삼으셨습니다. 그 민족이 이스라엘 백성이었습니다. 그러나 이스라엘 백성은 하나님의 백성으로 부름을 받아 선민(選民)이 되었는데, 구원의 사명을 회피하고 말았습니다. 그 결과로 그들의 삶은 물음표 투성이었습니다. 그들은 죽음과 고난이 겹쳐오는 광야 길로 보내지거나, 바벨론 포로의 설움의 현장으로 끌려가 신음하는 고통스러운 질곡에 빠지고 말았습니다.

 -그럼에도 이스라엘 백성은 자신 때문에 물음표가 생긴 것을 부정합니다. 욥은 까닭 없는 고난을 받았으나 이스라엘 백성은 까닭 있는 고난을 받았습니다. 거기서도 이스라엘은 까닭 없는 고난이라고 불평하며 하나님께 물음표를 던졌습니다. 그 물음표의 근본적 원인은 그들이 하나님 앞에 불순종한 것이며, 하나님과의 언약 불이행 때문이었습니다. 어떤 언약의 불이행인가요? 그것은 하나님께서 당신의 위대한 구속사역을 진행해갈 당사자로 이스라엘 민족을 부르셨으며 그들이 구속사역을 담당해야 하는 것이었습니다. 그러나 그들은 하나님의 구속역사를 회피하고 방관하고 대신, 자신들의 안락과 평안함으로 자기도취에 빠져버렸던 것입니다.

정말 한참 잘못되어가거나 처절한 실패에 빠진 이스라엘이 되어간 것입니다. 이런 원인이 도대체 원인이 어디 있느냐고 묻습니다. 그 때, 그들은 의문부호인 '물음표'만 던졌던 것입니다. 미국은 한때, 국민 평균소득이 이만 불 대에 이르자 사람들은 돈을 흥청망청 물 쓰듯 했습니다. 다음 미국경제가 곤두박질치고 따라서 세계경제도 황폐해지게 된 것입니다. 우리나라의 경제도 예외 없이 IMF라는 경제적인 위기에 빠졌습니다. 그래서 쓰라린 고통 속에서 탈출을 시도하느라 아우성입니다. 이유가 무엇이냐고 물으면 그들은 자신들의 직무유기를 간과한 채 물음표만 던졌습니다. 그리고 하나님이 세상을 구원하시려는 본래의 뜻(요 3:16)을 외면하고 자신의 책임을 회피했다는 것입니다.

　-그렇다면, 온통 물음표인 상황을 누가 마침표로 찍을 수 있을까? 백화점의 정가표가 바뀐 것처럼 세상의 가치관은 혼동되어 있습니다. 어느 것이 귀하고 어느 것이 무가치한 것인지, 무엇이 생명이고 무엇이 물거품인가 혼동 속에 빠졌습니다. 가정이 깨어지고 윤리와 도덕이 무너져 내립니다. 이런 여러 가지 현상들이 물음표 투성이라는 증거입니다. 꼬이고 꼬인 우리의 삶의 현장은 광야와 바벨론이요, 시련과 절망의 현장임을 부인할 수 없습니다. 고통, 눈물, 시련, 실패, 좌절, 이런 것들은 우리가 좀 쉽고 가볍게 넘어서면 얼마나 좋겠습니까? 그러나 분명한 것은 우리는 이런 것들에서 그 누구도 예외가 없다는 것입니다.

과연 세상에 어디쯤 고통과 눈물이 없을까요? 우리가 거주하는 지구촌에는 유토피아인 천국이 있을까요? 애굽을 떠난 이스라엘은 요단을 건너기까지 계속되는 형극(荊棘)의 행로(行路)만 있었습니다. 메마른 광야, 눈물의 골짜기를 수없이 지나야만 합니다. 세상에는 고통과 눈물이 없는 곳이 존재하지 않습니다. 오직 이스라엘 백성이 불순종을 회개하고 구속의 도구로 순종해야만 요단을 건너고 가나안에 이를 수 있습니다. 그때, 언약 불이행했던 것을 용서받는 것입니다. 70년 바벨론의 시련기를 극복하여 예루살렘에 당도할 때 고통이 사라지게 됩니다.

지금 우리가 세상 속에서 흘리는 눈물과 당하는 고통도 우리 삶의 현장에 주님이 임재하여 우리와 함께 임마누엘(Immanuel)이신 주님이 함께하심으로 극복되는 것입니다. 우리네 삶에서 물음표의 정황(situation)에 마침표로 찍는 일은 어떤 것입니까? 예수님이 이 땅에 성육신하여 십자가에 구원역사를 완성하시는 구원의 일에 충성하는 것입니다. 우리가 그 일에 최선을 다할 때, 우리의 삶의 물음표를 마침표로 멋있게 완성시켜 주시는 것입니다.

지금 우리는 생명을 살리는 역사에 동참해야 합니다. 어서 속히 광야를 벗어나 가나안에 이르도록 구원의 소망의 닻을 놓지 않는 거룩한 백성이 되는 것입니다. 우리 그리스도인은 이 땅 위에서 구속의 완성을 위해 그 여정을 달려가는 마라토너같이 최선(Maximum)을 다해 마침표를 찍어야 할 책임과 의무가 있으며 그에 따른 합당한 결과를 누려야 하겠습니다.

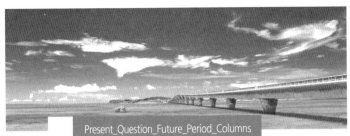

현재 물음표를
미래 마침표로! - ②

Present Question, Future Period! - 2

Column 52

둘째, 우리의 삶은 마침표로 완성해야 합니다.

-반드시 구속사역의 약점은 강점으로 바꿔져야 합니다.

원래 인간은 누구나 행복하고 성공적인 삶을 살 권리를 가지고 있습니다.

창세기 11장 28절에서, "생육하고 번성하고 땅에 충만하라"는 말씀 안에는 '행복'-생육, 번성과 '성공'-땅에 충만입니다. 여호와께서 인간에게 행복과 성공을 이미 창조 때 보장해 주셨습니다. 더욱 하나님의 백성만큼 더 특별한 삶을 누릴 영육 간의 축복이 마땅하게 있어야 했습니다. 그러나 출애굽해서도 곧 바로 젖과 꿀이 흐르는 가나안이 아니고 흥해요. 광야였으며, 사지(死地)와도 같은 바벨론이 었습니다. 그렇다면, 선민(選民) 이스라엘 백성에게 왜 이렇게 아파하고 신음하는 고난의 연속일까요?

호세아 2장 14절, 15절에서 그러므로 보라 내가 그를 타일러 거친 들로 데리고 가서 말로 위로하고 거기서 비로소 그의 포도원을 그에게 주고 아골 골짜기로 소망의 문을 삼아 주리니 …"라고 말씀하고 있습니다.

이스라엘 백성은 하나님이 부여하는 제사장 국가의 사명 앞에 불순종하면서 거룩해야 할 하나님 백성의 본연의 자세가 비뚤어지기 시작했습니다. '내가 저를 개유하여'한다는 것은, 하나님이 그들의 약점(弱點)을 강점으로 옳게 고쳐서 구원역사의 도구로 사용하겠다는 것입니다. '거친 들로 데리고 가서 말로 위로하는 것'은 광야로 그들을 내보내거나, 바벨론의 타국 현장에서 주의 말씀으로 혹독한 훈련을 시켜 그들을 새롭게 거듭나서 정작 그들의 사명인 세상 나라를 구원으로 인도하는 강점(强占)으로 바꾸신다는 말입니다. 그리고 물음표 같은 아골 골짜기의 절망의 마침표를 복음의 푸르는 생명이 소생하는 푸른 들판의 상황으로 역전시켜주신다는 약속입니다.

　－물음표에 대한 진정한 해답자는 하나님 이십니다.
우리 그리스도인의 물음표에 대한 진정한 해답은 전지전능하신 하나님뿐임을 믿습니다. 이사야 43장 19절 중반에서, 하나님이 이스라엘에게 새 일을 예고하십니다. "너희가 그것을 알지 못하겠느냐?"라고 말입니다. 그것은 오늘 본문의 상황보다, 이전의 역사인 750여년 전에-지금부터 3500년 전, 광야의 길과 사막 물을 내시듯 새 역사를 일으키신다는 것입니다. 오직 그분만이 전유(專有)하신 기적을 행하신 하나님이 바벨론 포로 70년 끝에 지금 다시 새 역사, 새 생명 그리고 새 일을 행하겠다는 말씀입니다. 바벨론에서 이스라엘을 포로로 붙잡았던 하나님, 또 광야에서 이스라엘을 묶으셨던 하나님이 이제는 바벨론에서 광야에서 이스라엘 백성에게 다시 해방을 주시겠다고 선언하고 있습니다.

그러므로 이스라엘 백성은 하나님께서 구속의 도구로 사용하시려는 훈련을 통해서 거룩한 백성으로 거듭난 것입니다. 그들은 마지막 축복을 약속받았습니다. 궁극적으로 승리를 보장받고 뛰어가는 이스라엘 백성들입니다. 그러므로 설령 지금 길이 없는 것 같아도, 물이 메말라 있는 것 같아도, 그 핍박의 현장, 고난의 현장을 멈춤 없이 뛰어가는 사람만이 승리의 골인을 쟁취할 수 있습니다.

-사막에서 생수를, 복음으로 산 소망을 얻습니다.
나아가서 영적 이스라엘인 우리 그리스도인은 고난이라는 환경 속에 놓여 있습니다. 그러나 현재의 물음표는 축복이라는 전제하에서의 미래 마침표가 그 대답인 것을 믿고 행진하는 것입니다.

이사야 43장 20절에서, "… 내가 광야에 물을, 사막에 강들을 내어 내 백성, 내가 택한 자에게 마시게 할 것임이라"고 말씀합니다.

우리의 상식으로는 수십 길을 파내도 물길을 발견할 수 없는 황폐한 사막에서 물을 주신다고 합니다. 생명의 존재 보존이 불투명한 사막에서 강물을 만들어 온갖 생명들, 그 존재 자체를 풍성하게 해주시겠다는 것이 하나님의 구원 약속입니다. 이것은 황폐한 광야에서 메마른 사막에서 얻는 생수를 마시는 것 같이 생수의 복음으로 세상의 비참한 죄 가운데서 신음하는 생명에게 구원역사를 일으키시겠다는 것입니다. 죄의 질곡 속에서 얻는 새 생명을 생수를 마시게 하겠다는…, 이 얼마나 값진 것인가를 잘 깨닫게 해주는 약속입니다.

그러므로 오늘, 이 구원함의 대열에 서서 행진하는 사람들은 물음표같은 작은 실패를 결코 두려워하지 않습니다. 또 과정적 후퇴도 불사(不辭)합니다. 빈번히 나타나기 일쑤인 시행착오에 당황하지 않습니다. 우리가 두려워하지 않고, 각성하거나, 후회하지 않는 것도 굳건한 믿음의 힘으로 물음표 상황을 이겨나가는 것입니다. 그리고 믿음 위에서 시행하는 모든 일은 하나님께서 마침표 같은 결과로 언제나 선하게 열매 맺게 해주십니다. 이것이 하나님께서 원하시는 신앙인의 자세-물음표를 마침표로 응답을 얻는 진정한 그리스도인의 삶의 여정(Christian's journey of life)입니다.

　-구속역사에 충성한 성도-마침표 같은 찬송의 고백입니다.
마지막으로 이사야 43장 21절에서, "이 백성은 내가 나를 위하여 지었나니 나를 찬송하게 하려 함이니라"라고 말씀합니다.
하나님께 속한 이스라엘 백성의 지으심과 부르심은 모두 그들을 창조하신 그분을 위하신 것입니다. 하나님은 그들을 세상 가운데 세우십니다. 그들이 하나님께서 궁극적으로 이 세상을 사랑하신 그일-Redemption, 즉 구속하심에 동참하게 하여 하나님이 원하시는 생명이 주께 환원(還元)되고, 하나님의 나라가 든든히 세워져 갈 때, 바로 그 일을 하는 그들(The People of God)로 하여금 찬송으로 영광을 돌리게 하는 궁극적 목적이 있다고 말씀합니다.

정말 이것은 신앙인으로서 당연한 고백이 아닌가요? 하나님의 구속 역사에 충성한 사람들이 그 구원하심에 감사하고 찬송으로 주님께 영광 돌리는 그 영광을 받으시기에 우리는 더욱 생명을 얻습니다. 이것이 구속역사를 실천하는 위대한 창조적인 능력입니다. 바울은 물음표 같은 고백을 합니다.

로마서 8장 35절, 37절에서, "누가 우리를 그리스도의 사랑에서 끊 으리요 환난이나 곤고나 핍박이나 기근이나 적신이나 위험이나 칼 이랴…, 그러나 이 모든 일에 우리를 사랑하시는 이-'예수 그리스도 로 말미암아'로 우리가 넉넉히 이기느니라"라고 합니다.

우리는 이 길, 하나님이 우리에게 전수하신 구속역사-Redemptive of God-를 실천하는 이 걸음을 걸으면서 마침표 같은 해답을 얻습 니다. 그것은 넘어져도 일어나고, 실패해도 낙심하지 않고, 미성취 속에서 인내하며, 영혼의 자유를 위해 산 생명(Living life), 죽지 않 을 생명(Undying life), 영원한 생명(Everlasting life을 쟁취하여 길 이 지키고 보전하고 생명을 얻어 승리하는 것입니다. 그리고 마침표 의 '하나님의 찬가'(The song in praise of God)를 불러야 마땅하지 않을까요?

현재 물음표 미래 마침표 컬럼집

참된 가치의 행복 - ①

Happiness of true value - 1

Column 53

국민소득 1인당 1만 불 시대가 열리면서 경제적 풍요로움이 사람들의 사고(思考)와 가치(價値)에 일대 변혁을 몰고 왔습니다. 개성을 중시하는 개인주의의 만연(蔓延)은 21세기의 뚜렷한 특징 중의 하나로 지적되고 있습니다. 사회학자 로버트 벨라(Robert Bellah)가 "풍요로운 사회에서의 가장 중요한 특징은 균형을 상실한 개인주의"라고 한 것은 적절한 지적이라고 봅니다.

독불장군식의 인간성이 점차 선한 사람의 의식을 지배하고 있습니다. 너는 없고 나만 있는 사회, 그래서 사람들은 많이 있지만 진정한 이웃은 사라진 사회가 조성되고 있습니다. 이에 우리는 참된 가치와 행복이 어디에 있는지를 알아야 할 필요를 강하게 느끼게 됩니다. 잠언 17장 19절에서, "자기 문을 높이는 자는 파괴를 구하는 자니라"는 말씀처럼 그것은 언젠가는 파멸로 귀결될 수밖에 없는 불행한 양상이 아닐 수 없습니다.

하나님 말씀은 우리 그리스도인에게 하나님 경외함의 행복을 말하기 위하여 참된 가치와 행복에 대하여 정확한 대답을 주고 있습니다. 솔로몬 왕은 인생의 참된 가치와 행복이 무엇인지 알고 싶었습니다. 그는 가장 번창했던 시기에 이스라엘 왕이었으므로 마음만 먹으면 무엇이든지 시도할 수 있는 위치에 있었던 존재였습니다. 그래서 그는 다음과 같은 일을 하게 되었습니다.

　첫째, 육체적 쾌락을 즐기게 되었습니다.
솔로몬 왕은 전도서 1장 1절, 2절에서, "사람들이 웃고 즐기는 육체적 쾌락이 진정한 행복인지를 알기"를 원했습니다.
그는 노래하는 자들을 위하여 오빌에서 가져온 가장 귀한 '백단목'이라는 나무로 수금과 비파를 만들었습니다. 왕궁에 연예인들과 악기 다루는 자와 무용수를 두어 최고의 잔치를 베풀고 금잔에 술을 부어 마셨습니다. 먹는 음식도 진수성찬이었고, 술도 최고의 포도주였으며, 무대에서 춤추고 재주를 부리는 사람들의 솜씨도 최고였습니다. 또 그는 이스라엘의 미인뿐 아니라 애굽의 바로 왕의 딸을 비롯하여 모압, 암몬, 에돔, 시돈, 헷의 공주와 여인들을 후비(后妃)로 삼았습니다. 즉 자신이 하고 싶은 것, 소유하고 싶다는 것은 남김없이 다 가져본 사람이었습니다.

그러나 그 육체적인 쾌락이 그를 진정으로 즐겁게 하고 그의 인생을 만족스럽지 못했습니다. 그래서 그는 이런 잠언을 남겼습니다.

잠언 14장 13절에서, "웃을 때에도 마음에 슬픔이 있고 즐거움의 끝에도 근심이 있느니라"라고 했습니다. 오늘날 수많은 사람이 순간적이고 육체적인 쾌락을 맛보기 위해 시간과 물질을 낭비하고 있습니다. 그러나 쾌락은 절대로 인간을 만족시켜주지 못한다는 것을 성경이 증언하고 있습니다. 소금을 먹은 자가 더 많은 물을 먹어야 하듯, 쾌락에 빠진 자는 한없이 더 큰 쾌락을 갈급하게 되고, 물질과 시간과 건강을 탕진하게 되는 것입니다.

그래서 솔로몬은 육체적 쾌락의 결론을 이렇게 말합니다.
전도서 2장 2절에서, "내가 웃음에 관하여 말하여 이르기를 그것은 미친 것이라 하였고 희락에 대하여 이르기를 이것이 무슨 소용이 있는가 하였노라"고 말했습니다.

이 말의 뜻에서 그의 확실한 깨달음이 잘 드러나고 있습니다. 자신이 흥미를 자아내고자 한 짓, 즐겁고자 했던 일 등이 한갓 미친 짓이었다고 합니다. 이 얼마나 허무(虛無)를 말하는 것입니까? 육체적 쾌락에 탐닉했어도 그 자체가 도저히 자신에게 보람을 안겨다 준적이 없다고 토로하고 있습니다. 그러므로 하늘 아래에서 무언가 즐거움을 얻으려고 행위는 무위(無爲)에 그친다는 것입니다. 그래서 솔로몬은 인간이 육체적 쾌락에 너무 치심(侈心)하지 말자고 제안하고 있습니다.

과연 본문에서 그가 제안하고 있는 말을 누가 쉽게 받아들일 수 있겠습니까? 인생의 여정 그 자체가 힘든 길이라서 그 고통을 조금이라도 덜어보고 싶은 본능 때문이 아닐까요?

둘째, 사업을 크게 하고 물질의 풍요를 소유하였습니다
육체적 쾌락에서 그다지 행복을 느끼지 못했던 솔로몬이었습니다. 그래서 또 다른 일을 통해서 얻고자 했던 위안(慰安)이 무엇인가를 밝히기 위해 갈등하는 솔로몬의 모습을 살펴볼 수 있습니다.

-위대하고 거창한 사업들을 펼쳐보았습니다
전도서 2장 4절에서, "나는 사업을 크게 하였노라 내가 나를 위하여 집들을 짓고 포도원을 일구며"라고 말합니다. 그러나 이것도 부족하여 그의 위대한 사업 중에 괄목한 것은 성전건축과 왕궁을 짓는 일이었습니다.
열왕기상 6장에서, 솔로몬은 성전건축 7년에 백향목을 벌목하기 위해서 레바논에서 인부 3만 명을 동원하였고 국내에서는 7만 명을 동원하였습니다. 그리고 산에서 돌을 떠오는 석공이 8만 명이었으니 성전건축에 동원된 인원만도 18만 명이나 되었습니다. 이 거대한 공사에 감독자가 3,300명이었습니다. 동원된 인력으로 가늠해 보면 가히 그 공사의 규모가 어느 정도인지를 짐작할 수 있습니다.

또 열왕기상 7장에서 솔로몬이 그의 왕궁을 건축하기 위하여 13년이라는 세월이 보냅니다. 성전과 왕궁을 위한 공사가 무려 20년 동안 수고를 다합니다. 거기다가 바알하몬에 과수원과 별장과 포도원도 있었습니다. 많은 과목과 동산의 수목을 관리하기 위하여 큰 저수지도 만들었습니다. 그러나 솔로몬은 사업을 마무리하고 보니, 그것도 고생만 하였을 뿐 "바람을 잡으려는 것 같다"라고 후회 섞인 말을 하는 것을 봅니다(전 2:11).

엄청난 프로젝트를 시행하면서 솔로몬은 왕의 권세를 가지고 공사를 진행하려고 강제로 백성을 징집하기도 합니다. 백성들이 노역에 착취를 당했던 것은 국가사업이라는 명분이어서였습니다.

열왕기상 12장에서, 정말 힘없고 나약한 노동력을 쏟게 하므로 백성들의 원성(怨聲)을 사기도 하였습니다. 결국 아무리 성공적인 큰 사업이라도 그에게는 참된 행복을 가져다 주지는 못했습니다. 행복이야 말로 하나님께서 공급해 주실 때 그것이 영원하고 본질적인 것이 아니겠습니까?

현재물음표미래마침표컬럼집

참된 가치의 행복 - ②

Happiness of true value - 2

Column 54

-물질의 풍요를 소유했습니다.

솔로몬은 얼마나 부요한 지 그가 사용한 술잔은 모두가 금으로 만들었다고 하며, 은을 돌같이 흔하게 하였다고 합니다(왕상 10:27 상). 수많은 노비와 소떼 양떼 는 말할 것도 없고, 각국 왕들의 보배와 여러 도의 보배가 창고에 가득히 쌓였다고 성경은 그것을 세세하게 기록하고 있습니다(전 2:7-8). 궁중에서 소비하는 왕의 하루 식량은 밀가루가 30석, 굵은 가루 60석, 살진 소가 10마리, 초장의 소가 20마리, 양이 100마리나 되었다고 하였습니다. 물론 그의 식솔들과 시녀들까지의 식사량이었지만, 이 사실 하나만 보더라도 엄청난 부(富)를 누리고 살았음은 부인할 수 없습니다.

그러나 이렇게 풍족하게 먹고 살았지만 마음에는 진정한 평화가 정착하지 못했습니다. 그래서 그는 해 아래서 수고한 것이 마치 바람을 잡으려는 것과 같이 헛되고 무익했다고 고백을 했습니다.

-많은 재산을 상속하였습니다.

솔로몬을 보면서 더욱 가슴 아픈 것은 이 엄청난 보화와 재산을 그의 아들 르호보암에게 물려주었다는 것입니다. 그는 한탄합니다. 전도서 2장 18절에서, "내가 해 아래서 수고한 모든 수고를 한(限)하였노니 이는 내 뒤를 이을 자에게 끼치게 됨이라"고 말합니다. 그의 탄식처럼 상속받은 르호보암은 재물을 허랑방탕하게 소비하게 됩니다. 결국은 그 아들은 나라를 둘로 분열시키고 말았습니다(왕상 11:41-12:24). 부친의 물질적인 부요가 오히려 그 아들을 교만하고 게으르게 만들었으니 이것도 헛되고 헛된 것이 되고 말았습니다.

이런 결과에 우리 그리스도인이 주목해야 합니다. 물질은 우리의 삶에 반드시 필요합니다. 그러나 잘못 사용하면 화(禍)가 되는 특성을 가지고 있습니다. 자녀에게 물질을 상속하는 것도 좋은 일이지만, 자녀의 됨됨이를 잘 살펴서 되물림하는 것이 지혜로운 일인 것입니다. 원천적인 것은 하나님께 인정을 받는 것이 더 중요하겠습니다. 릴레이 선수들의 계주를 볼 때 앞사람이 아무리 빨리 뛰어도 다음 사람이 잘못 뛰면 앞사람의 수고가 헛되고 맙니다. 오직 오늘에 충성하고 내일은 하나님께 맡겨야 함이 옳지 않겠습니까?

-지혜와 지식의 풍요도 있었습니다.

솔로몬은 지혜와 지식이 탁월하여 그를 능가할만한 사람이 없었습니다. 그의 지혜와 총명이 바다의 모래와 같고 동양인의 지혜와 애굽의 모든 지혜보다 더 뛰어났다고 하였습니다. 잠언서의 3천의 말들과 시편의 노래를 합하여 무려 1005개나 지었습니다(왕상 4:32). 하지만 솔로몬은 전도서 1장 18절에서, "지혜가 많으면 번뇌도 많으니 지식을 더하는 자는 근심을 더 한다"라고 하였습니다. 그래서 그는 덧붙여 말합니다.

전도서 12장 12절에서, "많은 책을 짓는 것은 끝이 없고 많이 공부하는 것은 몸을 피곤하게 하느니라"고 말씀합니다.
식자우환(識字憂患)이라는 사자성어가 여기에 해당된다고 봅니다. 이에 솔로몬은 해 아래서의 모든 것이 헛됨을 깨닫게 됩니다.

　넷째, 하나님을 경외함이 참된 가치와 행복입니다.
솔로몬이 행복을 찾아 열심히 탐구해보았습니다. 육체적인 쾌락, 위대한 사업들, 많은 재물, 많은 재물의 상속, 지혜와 지식의 풍요 등 이것들이 있으면 행복해지지 않을까? 하고 직접 체험해보았으나 그의 얻은 결론은 이것이었습니다.

전도서 2장 17절에서, "모든 것이 헛되다"라는 것입니다.
전도서 2장 23절에서, "이 모든 것은 오히려 근심거리였다"는 것입니다
전도서 2장 24절에서, "다만 사람이 먹고 마시며 수고하는 과정에서 마음으로 보람을 느끼는 그 정도가 인생의 행복일 따름"이라고 했습니다.

넷째, 끝맺음입니다.

-솔로몬이 오늘 참으로 하고 싶은 말은 무엇일까요?
전도서 12장 13절, 14에서, "일의 결국을 다 들었으니 하나님을 경외하고 그의 명령을 지킬지어다. 이것이 모든 사람의 본분이니라. 하나님은 모든 행위와 모든 은밀한 일을 선악 간에 심판하시리라" 라고 말씀하고 있습니다.

이기주의는 단 한 번뿐인 인생의 삶을 허무하게 끝을 맺게 합니다. 육체적 쾌락, 큰 사업, 자녀에게 많은 상속, 물질의 풍요, 이 모든 것이 때론 중요하게 여겨질 때도 있지만 참된 가치와 행복은 아니라고 솔로몬은 결언(結言)하고 있습니다. 또 영원을 사모할 때만 만족이 있으니 명심하라는 교훈입니다. 하나님 경외함이 진정한 행복이라고 주장하는 솔로몬의 교훈은 두고두고 지켜가야 할 인생의 중요한 지침입니다.

현재물음표미래마침표컬럼집

악한 굴레로부터의
완전한 해방 - ①

Complete liberation from
evil bondage - 1

Column 55

하나님께서 우리 그리스도인을 영원한 생명으로 구원해 주셨습니다. 그 구원의 은혜가 너무 커서 이전에 죄인 되었던 우리가 지금은 '알곡신자'(-穀信者)가 되었습니다. 하나님께서 우리를 너무 사랑하신 나머지 예수님이 하나님 보좌 우편에 계신 것처럼, 그리스도인들을 그와 같이 사랑하고 계십니다. 헤아려 보면, 이것이 은혜 위에 은혜를 더하시는 제한 없는 하나님 은혜라고 믿으면 어떻겠습니까?

하나님의 은혜는 신령과 진정으로 예배드리고 하늘의 소망을 갖게 하십니다. 또한 복되신 하나님의 말씀을 간절히 받게 하십니다. 이렇게 변화가 이루어지면 하늘의 신령한 복은 물론이고 땅에서도 100배의 기름진 복을 받는 믿음을 유업으로 받을 것입니다.

주의 말씀으로 회복을 …

디도서 2장 1절에서, "오직 너는 바른 교훈에 합한 것을 말하여"라고 말씀합니다. 하나님께서 그의 생명의 말씀에서 교훈을 얻어 가르침으로 올바른 삶을 살기를 원하십니다. 그러므로 말씀을 우리에게 계시로 주신 것은, 말씀을 읽고, 듣고, 지켜 행하는 자가 복되게 하신 것입니다(계1:3). 일찍이 이스라엘 백성에게 모세가 하나님의 말씀을 일러주었습니다.

신명기 29장 9절에서, "그런즉 너희는 이 언약의 말씀을 지켜 행하라 그리하면 너희의 하는 모든 일이 형통하리라"라고 말씀합니다 그러므로 오늘 이 말씀도 믿음 가운데 순종하며 지켜야 하고 행할 마음과 결단으로 받으면, 여호와 이레의 복을 받습니다. 또 세상을 이기고 승리하게 됩니다. 말씀은 우리에게 위기가 축복의 기회가 되게 하십니다. 그 결과 엄청난 기적의 사람이 되어 주님의 권능의 말씀으로 회복이 이루어집니다.

첫째, 주님은 고발당할 위험에서 회복시킵니다

말씀의 배경은 서기관 바리새인이 예수를 고발하려고 벼르고 있던 상황이었습니다. 다음은 그런 상황에서 주님께서 자신의 생명을 담보로 연약함을 강건하게 회복해 주시는 교훈을 말하고 있습니다. 육체적인 몸(Body)에 병이 찾아와 손 마른 사람이 사탄에 얽매여 절망 가운데 예수님의 말씀을 믿고 순종하여 병이 치유되는 기적의 사건입니다. 여기 등장하는 병자(病者)는 오른손이 말라비틀어져 조막손을 가진 장애자였습니다. 그러나 예수 그리스도께서 고쳐주시니, 그 장애자가 고침을 받았습니다. 그리고 정상인(a normal person)이 되어 주님께 영광을 돌렸습니다.

"일어나 한가운데 서라!"(눅6:8). "예, 아멘!"(눅6:8)했습니다. "네 손을 내밀라"(눅6:10) "아멘!"(눅6:10)한 것뿐인데 비정상적인 병자가 정상적인 사람이 되었습니다.

〈Table-7〉 **예수 그리스도의 회복시키심**

안식일에 예수를 고발할 증거 찾음	누가 복음 6:7	서기관 바리새인 고발꺼리 찾다
"일어나 한가운데 서라!" "그가 일어나 서거늘 예, 아멘!"	누가 복음 6:8	예수 그리스도, 그들의 생각대로 행하다
"네 손을 내밀라!" 예, 아멘! 그가 그리한즉 병든 손이 회복되다	누가 복음 6:10	예수 그리스도 그들의 형편을 살피다

약점을 강점으로 고치십니다

사람의 육체 중에 오른손만큼 중요하고 많은 일을 하는 지체가 없습니다. 큰일, 작은 일, 중요한 일, 보통 일도 합니다. 대부분 오른손으로 글도 쓰고, 악수하고, 봉사하는 일도 합니다. 그러나 오늘 본문의 병자는 오른손이 말라서 아무것도 할 수 없는 백수 같은 인간 장애자였습니다. 그러나 주님께서 그 병자의 오른손의 마름은 그에게 최대의 약점(弱點)인 것을 아시고 그 장애자에게 오른손의 역할을 회복시켜강점(强占)으로 작용하여 엄청난 기적을 베풀었습니다. 이렇게 예수 그리스도께서 우리 그리스도인을 향한 애틋함과 본질적인 사랑은 아무나 흉내낼 수 없는 독특함의 그 이상이었습니다.

땅끝까지 이르러 복음의 증인이 될 것을 주님께서는 아시고 그에게 병을 회복시키는 기적을 베푸셨습니다. 우리 그리스도인은 인간이기에 약할 수 밖에 없지만 약함을 주님께서 한번 개입하셔서 역사하시기만 하면 강점(强點)으로 바꿔 주시고 대단한 기적으로 발생하는 것을 새삼 깨닫게 됩니다.

준비된 심정을 살피십니다

그러나 본문의 병자는 신체적 장애자로서 그 병이 치유되기 이전에 어떤 상태였을까요? 언제나 마른 손으로 성경을 읽습니다. 또 예배 시간 중 말씀 듣는 일에 최상의 준비된 자세로 정성으로 드리다가 예수님께 발견되어 주의 음성을 들었습니다.

누가복음 6장 8절에서, "예수께서 그들의 생각을 아시고 손 마른 사람에게 이르시되 일어나 한가운데 서라 하시니 그가 일어나 서거늘"이라고 말씀하고 있습니다.

그리고 그곳에 모인 회중에게 가르치시며 다시 명하셨습니다. 본문 누가복음 6장 10절에서, "네 손을 내밀라!"는 주님의 명하심에 손 마른 병자는 예, 아멘!하고 즉시 순종했습니다.
그것을 보시고 손 마름의 병을 씻기시고 그 병을 고쳐주셨습니다. 그는 기쁨으로 살고 감사하여 주의 뜻을 따라 하나님을 사랑하게 되었습니다. 예수님께서 미리 그의 준비된 심정을 살피고 아셨습니다.

현재물음표미래마침표컬럼집

악한 굴레로부터의 완전한 해방-②

Complete liberation from
evil bondage-2

Column 56

둘째, 주님은 악한 세력에서 해방을 주신다

누가복음 6장 9절에서, "예수께서 그들에게 이르시되 내가 너희에게 묻노니 안식일에 선을 행하는 것과 악을 행하는 것 생명을 구하는 것과 죽이는 것 어느 것이 옳으냐? 하시며" 말씀하고 있습니다.

위의 말씀은 예수 그리스도께서 ㅂ문제를 제기한 것입니다. 안식일에 선한 일도 못하도록 금지한 유대인 전통에 대한 반론을 제기하신 것입니다. 유대적 관념(Jewish concept)은 안식일의 정신까지 마음대로 조정하면서 사람들에게 아무 것도 못하도록 금하다 보니 하나님이 원하시는 선을 행하지 못하게 되고 나중에는 악을 행하는 일들이 속출하게 되었다는 것입니다. 얼마나 모순contradiction된 일입니까?

-악한 세력에서 선한 능력으로 바꾸십니다

하나님이 원하는 안식일은 선을 행하고 생명을 건지는 일이었습니다. 그러나 인간의 생각과 관념이 안식일에 대한 개념을 훼손시킨 것이었습니다. 이렇듯 바리새인과 서기관들이 지켜보는 가운데 그들의 금기사항인 병 고침의 역사가 행해졌습니다. 그것은 악한 세력이 인간들의 마음을 지배하며 하나님의 원뜻을 방해하는 것을 간파하셨습니다. 그리고 생명을 구하는 사역으로 손 마른 병마(病魔)에서 해방시켰습니다. 병이나 죽음, 그리고 고통은 하나님께서 근본적으로 싫어하시는 것입니다.

예레미야 애가 3장 33절에서, "주께서 인생으로 고생하며 근심하게 하심이 본심이 아니시로다"라고 말씀하고 있습니다.

예수님께서 죽음의 세력이 나사로를 매이게 한 것을 풀어서 생명으로 바꾸시는 기적을 명하셨습니다.
요한복음 11장 43절, 44절에서, "큰 소리로 나사로야 나오라 부르시니 죽은 자가 수족을 베로 동인채로 나오는데 그 얼굴은 수건에 싸였더라 예수께서 가라사대 풀어 놓아 다니게 하라 하시니라"라고 말씀합니다.

바울과 실라가 감옥에 갇혀 있을 때, 주께서 옥문을 열어 자유하게 하신 것도(행 16:26), 제자들이 탄 배가 태풍에 발이 묶여 있을 때도 주님의 명령으로 바다가 잔잔해지고 태풍이 멈춘 사건도(막 4:39), 귀신에게, 환경, 습관으로, 고정관념에 생각을 사로잡혀 죽이고 멸망시키며 결국 지옥에 끌려가는 범죄자 같은 신세가 예수 믿기

이전에 우리들의 신세였음을 부인할 수 없습니다.

그러나 무모한 생각이 믿음으로 바뀌면 생명의 길이 보입니다. 대저 하나님의 말씀은 능치 못함이 없기 때문입니다(눅 2:37). 모든 인간이 죄에 매여 영원한 저주와 심판의 대상이었지만, 비참했던 우리를 천국백성 삼으시고 하나님을 아버지라 부를 수 있는 길을 예수 그리스도께서 십자가의 보혈로 열어 주셨습니다. 하나님께서 악의 세력에서 선한 능력으로, 죽음의 저주에서 생명의 축복으로 바꾸어 주시기 위하여 억압과 비참함에서 해방시켜 주시므로 자유와 즐거움으로 축복해 주셨습니다.

　-주님의 보좌 앞으로 나가게 하십니다

히브리서 4장 16절에서, "그러므로 우리는 긍휼하심을 받고 때를 따라 돕는 은혜를 얻기 위하여 은혜의 보좌 앞에 담대히 나아갈 것이니라"라고 말씀합니다.

원래 우리에게는 주님의 거룩하고 전능하신 보좌는 꿈도 못 꿀 일이었습니다. 그러나 예수님께서 십자가의 대속을 통해 구약의 지성소의 휘장이 찢어지고 누구든지 주님의 공로로 보좌 앞까지 이르게 되었습니다. 이토록 구원해 주심이 감사 감격하여 그 은혜에 젖어 사는 것이 주님의 보좌 앞으로 나가는 삶이 아니겠습니까?

성령의 충만함으로 말씀 안에서 꿈과 소망을 가지고 새출발하는 새 삶을 살게 된 것입니다.

고린도후서 5장 17절에서, "그런즉 누구든지 그리스도 안에 있으면 새로운 피조물이라 이전 것은 지나갔으니 보라 새것이 되었도다"라고 말씀합니다.

우리의 새 삶은 영적인 아버지이신 하나님을 날마다 만나게 되었습니다. 늘 하나님을 만나 교제하면서 새로운 피조물의 회복됨으로 새 관계가 이뤄져야 합니다. 이 피조물의 관계는 저주에서 축복이요, 울음에서 즐거움이요, 고통에서 유쾌함으로 전환되는 역사입니다. 우리가 그 축복과 은혜를 맛보고 경험하여 세속의 삶에서 거룩한 삶으로 변화되면서 주님 보좌 앞에 나아가게 되었습니다.

셋째, 말씀이 등불이 되어야 합니다

히브리서 11장 6절에서, "믿음이 없이는 하나님을 기쁘시게 하지 못하나니 하나님께 나아가는 자는 반드시 그가 계신 것과 또한 그가 자기를 찾는 자들에게 상 주시는 이심을 믿어야 할지니라"합니다.

예수님께서는 지금 우리의 세상의 삶 속에서 도사리는 저주와 죽음 가운데서 생명을 구하시고 우리를 날마다 새롭게 회복시키시기를 원하고 계십니다. 생명의 말씀의 인도를 받아야 우리가 삽니다.

시편, 119편 105절에서, "주의 말씀은 내 발에 등이요 내 길에 빛이니이다"라고 말씀합니다.

주님의 말씀이 그리스도인 인생의 여정에 등불이 되도록 빌어야 하지 않습니까? 그럴 때마다 주님께서 자신의 연약함에서 회복하도록 조치해주십니다. 그리스도인은 언제나 연약한 약점을 가지고 있으나 그때마다 주님의 도우심으로 시험을 헤쳐나갈 수 있습니다. 그러므로 약함에서 강점(强點)으로 변화되어야 합니다. 주님을 향한 심령을 좋아하시고 살피고 계십니다. 주님은 이 세상의 악한 세력에 노출되어 있는 당신의 백성들에게 의로운 해방을 주시길 원하십니다.

건강한 그리스도인의 삶을 이루려면 - ①

To achieve a healthy Christian life -1

Column 57

누구든지 새해를 맞이하면 대망을 품고 새로운 계획과 새로운 목표를 세웁니다. 그리고 새로운 각오를 다지며 출발합니다. 이런 자세를 갖는다는 것은 예외가 없습니다. 그리스도인은 해마다 새해를 맞이할 때 지나간 시간보다도 금년엔 더 발전적이고, 더 성공적이고, 더 이상적인 삶을 살아야 하겠다는 마음가짐을 갖게 됩니다. 지나간 한해를 결산하고 다가오는 새해를 맞이하여 알찬 계획과 설계를 짜고 비상한 각오와 결단을 다지며 싱그러운 출발을 하는 것, 이것은 하찮은 일이 아니고 오히려 중대한 일이라는 것을 깨달아야 합니다.

해가 바뀌었다고 해서 우리의 생활양식이 바뀌거나 달라지는 것은 아닙니다. 하지만 보다 더 잘해보고자 분발할 때 더욱 발전적인 역사를 가져오게 됩니다. 금년엔, 우리가 하나님의 절대적인 도우심을 받아야 할 필요성을 가지고 범사를 믿음으로 더욱 힘써나가야 하겠습니다. 왜냐하면 우리 그리스도인이 살아나가는 인생길에는 장애물이 있고 우리의 앞길을 가로막는 악한 세력들이 있기 때문입니다.

불신앙의 마귀 세력이 현재 우리가 겪고 있는 변이 바이러스, 오미크론, 새로운 질병 등으로 닥쳐와서 자유로운 생활환경을 제한시키고 어려움에 처하게 합니다. 이런 때, 우리 그리스도인들은 낙심하거나 절망하지 말고 문제의 해결자 되시고 불가능이 없는 전능자이신 그분께 이 모든 것을 의뢰하고 함께하도록 은혜 가운데서 더욱 분발해야 하겠습니다.

요한복음 16장 33절에서, "이것을 너희에게 이르는 것은 너희로 내 안에서 평안을 누리게 하려함이라 세상에서는 너희가 환난을 당하나 담대하라 내가 세상을 이기었노라"고 말씀했습니다.

균형 잡힌 생활이 무엇입니까? 정상적인 생활 중심이 어느 한쪽으로 기울지 않고 바로 서서 중요한 부분을 고르게 유지해나가는 것을 말합니다. 모든 일에는 다 균형 잡히지 않고 어느 한쪽으로 기울든지 한 부분이 마비되고 침체된다면 아무 일도 이루지 못할뿐더러 그 자체가 무너지고 말 것입니다. 그리스도인의 믿음 생활에도 균형 잡힌 생활이라야 온전한 믿음생활이 되는 것입니다. 그러면 어떠한 부분이 균형 잡혀야 합니까?

첫째, 믿음에는 반드시 행함이 동반되어야 합니다.

믿음과 행함은 분리될 수 없습니다. 믿음은 행함의 원리로서 시종일관 행동과 함께하며 행동은 믿음의 구체적인 실현입니다. 야고보는 행동을 무시하는 신앙 상태를 지적해 본다면, 신앙이란 믿음의 대상에 대한 합당한 사랑의 행위가 반드시 뒤따라야 할 것입니다.

예수님의 제자 야고보는, 만일 그리스도인에게 믿음이 있다고 하면서 행함이 없으면 무슨 이익이 있는가? 그런 믿음이 자신을 구원할 수 있는가?하고 당차게 말했습니다.

야고보서 2장 15절부터 17절에서, "만일 형제나 자매가 헐벗고 일용할 양식이 없는데 너희 중에 누구든지 그에게 이르되 평안히 가라 더웁게 하라 배부르게 하라 하며 그 몸에 쓸 것을 주지 아니하면 무슨 이익이 있으리요 이같이 행함이 없는 믿음은 그 자체가 죽은 것이라"고 했습니다.

야고보서 2장 21절에서, "우리 조상 아브라함이 그 아들 이삭을 제단에 바칠 때에 행함으로 의롭다 하심을 받은 것이 아니냐"라고 했습니다. 다수의 사람이 믿음이 있다고 하지만 그 믿음에 걸 맞는 행함이 없는 생활을 하고 있다는 것이 현실적인 문제입니다.

야고보서는 특히 행함을 강조했는데 이것은 믿음이 있다고 하면서 행함이 없는 사람을 교훈하기 위한 것이지 행위로 구원을 받거나 하나님의 은혜 없이 인간의 노력으로 다 된다는 말은 아닙니다. 그리스도인은 범사를 믿으면서 적극적인 성도의 삶을 이뤄갈 때 행함이 있게 되는 강력한 믿음 생활을 실천해야 하지 않겠습니까?

현재 물음표 미래 마침표 컬럼집

건강한 그리스도인의
삶을 이루려면 - ②

To achieve a healthy Christian life -2

Column 58

둘째, 사랑에는 수고와 희생이 따라야 합니다.

사랑한다고 하면서도 사랑하는 자를 위하여 수고도 하지 않고 희생도 없으면 이것은 진정한 사랑일 수가 없습니다. 하나님께서 인류를 사랑하기 때문에 인류를 죄와 사망에서 구원하시려고 독생자를 아끼지 않고 세상에 보내주시고 십자가에 못 박혀 죽게하여 대속의 제물이 되게 하신 것입니다.

요한복음 3장 16절에서, "하나님이 세상을 이처럼 사랑하사"라고 기록되어 있으며, 로마서 5장 8절에서, "우리가 아직 죄인 되었을 때에 그리스도께서 우리를 위하여 죽으심으로 하나님께서 우리에게 대한 자기의 사랑을 확증 하셨느니라"고 말씀합니다.

우리 그리스도인은 하나님의 사랑으로 살고 있습니다. 그러므로 하나님을 사랑하여야 합니다. 우리가 하나님을 사랑한다면 우리도 하나님을 위해서 수고를 아끼지 않고 일하고 희생적 정신으로 충성해야 합니다. 그것이 균형이 맞는 건강한 그리스도인 삶입니다.

데살로니가전서 1장 3절에서, '사랑에 수고하라'는 말씀이 있습니다. 사랑하는 자를 위해서라면 수고를 아끼지 않고 봉사하게 된다는 것입니다. 요한일서 3장 18절에서, "자녀들아 우리가 말과 혀로만 사랑하지 말고 오직 행(行)함과 진실함으로 하자"라고 했습니다. 그리스도인은 마땅히 하나님을 사랑하고 교회를 사랑하고 부모와 자녀 모든 사람을 사랑한다면, 수고를 아끼지 아니하고 희생적인 정신으로 사랑하되 실천적인 생활을 이뤄야 할 것입니다.

  셋째, 계획과 실천이 있어야 합니다.
계획은 잘하고 이론은 많으나 실천이 없으면 아무 일도 할 수가 없고 좋은 결과를 가져올 수가 없습니다. 무슨 일을 위해서 계획을 세웠으면 실천해야 합니다. 우리 하나님께서는 인류를 죄와 사망에서 구원하기 구원 계획하신 것을 그대로 실천하여 이루신 분이십니다.

발명왕 에디슨은 전구(電球)를 발명하여 완성할 때 12만 번이나 기도하고 1만 번 실험했습니다. 사람이 한번 계획하고 목표를 정했으면 노력하고 기도하고 실천하여 반드시 이루고 목표를 달성하여야 합니다. 우리 그리스도인의 믿음생활을 위하여 계획한 것을 반드시 실천하여 선한 결과를 가져오고 목표를 달성했으면 합니다.

넷째, 교회생활과 사회생활이 균형을 이루어야 합니다.

성도가 교회생활과 사회생활을 균형 있게 조화를 이루지 못한다면 세상 사람들에게 본이 되지 못하고 하나님의 영광만 가릴 수 있습니다. 교회생활은 큰 관심을 가지고 잘하는데, 사회생활에는 무관심하거나 불성실하다면 이는 균형있는 그리스도인의 삶을 살지 못하는 것입니다. 교회 안에서는 잘하는데 사회에 나가면 믿는 사람인지 안 믿는 사람인지 무분별한 생활을 해서는 안 될 것입니다.

혹자는 사회생활에는 적극적이고 봉사도 잘하는데 교회생활은 소극적이고 봉사도 인색한 사람이 있습니다. 가정에서는 솔선수범해서 무슨 일이든지 잘하는 사람이 교회에서는 맡은 일도 잘 안하는 사람도 있습니다. 그러나 온전한 사람은 가정생활이나 사회생활이나 어느 한쪽으로 쏠리지 않고 균형을 유지하면서 생활하는 사람입니다. 사도바울의 젊은 동력자요 믿음의 아들인 디모데는 교회에서 믿음생활에 인정을 받아서 사도바울의 복음전파에 동역자가 되었고 사회에서도 유익을 끼치는 사람이 되었습니다.

사도행전 16장 2절에서, "디모데는 루스드라와 니고니온에 있는 형제들에게 칭찬받는 자니"라고 하였습니다. 사람이 어디를 가든지 칭찬받고 빛이 된다는 것은 대단히 중요한 것입니다. 복음을 전파하고도 본이 되지 못하고 빛된 생활이 되지 못해서 열매를 맺지 못하는 경우가 많습니다. 참 빛 되시는 예수님을 믿는 성도는 어디를 가든지 주님의 의에 빛을 비추는데 그 사명이 있는 것입니다.

마태복음 5장 14절부터 16절까지, "너희는 세상의 빛이라 산 위에 있는 동네가 숨겨지지 못할 것이요 사람이 등불을 켜서 말 아래에 두지 아니하고 등경 위에 두나니 이러므로 집 안 모든 사람에게 비치느니라 이같이 너희 빛이 사람 앞에 비치게 하여 그들로 너희 착한 행실을 보고 하늘에 계신 너희 아버지께 영광을 돌리게 하라"고 예수님께서 산상 보훈 중에 말씀하였습니다.

이 편치 못한 세속사회의 지평을 헤쳐가는 그리스도인이여!
부디, 균형 잡힌 믿음생활을 추구하세요.
진정한 하나님 백성이 되어 모든 사람에게 본이 되고 좋은
결실을 맺어 궁극적으로 하나님께 영광(榮光)을 올려드려
건강한 그리스도인과 교회가 되도록 하십시오.
Christians who open the horizons of Secularity
Pursue a balanced life of faith.
Be the people, God of truth.
Be a healthy Christian who glory in God, and be the church

책 뒤에 다는 글

현_재_물_음_표_미_래_마_침_표_컬_럼_집

하나님의 계산법 / The Time Table of God

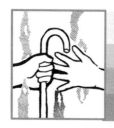

4_1 하나님의 본심
4_2 하나님께 굴복한 행위
4_3 하나님께 회개한 진심
4_4 하나님이 원하는 것 하나만 …

4.1 하나님의 본심

소돔과 고모라 성에 의인(義人) 10명이 없어, 그 성의 백성 전체 5만 명이 불의 심판을 받게 되었다. 의인 10명은 5만 명에 비하면 너무 작은 수이다. 그러나 하나님께서 5만 명의 죄가 밉고 싫어도 지극히 소수라 할 수 있는 10명의 '의로움'(righteousness) 하나를 보시고 그들을 살리시려 하신다. 의로운 자를 찾으시는 하나님의 본심을 알 것 같다.

> ■ One's heart of God
> '하나님의 본심은 10명의 의로움 하나를 찾으시고
> 소돔과 고모라 성 전체 5만 명을 살리려 하신다'

4.2 하나님께 굴복한 행위

탕자는 아버지에게 불효했고 세상 범죄에 빠진 자였다. 그러나 다른 것 다 미워도 그가 아버지께 돌아온 것 하나 가지고도 아버지는 아들을 조건 없이 온전히 맞아 주셨다. *야곱은* 부모 형제 의리까지 이용해가며 자신의 형통을 꾀했던 허물 많은 자였다. 그러나 그 행위는 원수갚음 당하고도 남는 것이지만 야곱이 얍복 강가에서 하나님 앞에 굴복한 행위 하나 보시고 이스라엘 12지파의 조상을 삼으셨다.

> ■ Surrender to God
> '하나님 앞에 굴복한 행위 하나를 보시고,
> 범죄한 다윗이었으나 이스라엘 12지파의 조상을 삼으셨다'

4.3 하나님께 회개한 진심

다윗은 신하를 죽였고 그의 아내까지 빼앗은 치한(癡漢)이다. 정말 다윗같이 명명백백한 죄가 많았어도 그가 하나님을 향하여 침상이 썩도록 회개했으며 그 회개는 진심이었다. 그런데 하나님께서는 다윗의 회개한 것 하나만 보셨다. 그리고 그냥 간과하지 잃으셨다. 하나님께서 그를 대왕으로서 이스라엘 군중 앞에 떳떳하게 다시 서게 하셨다.

> ■ One's repentance to God
> '하나님께 침상이 젖도록 회개한 진심 하나를 보시고
> 다윗을 이스라엘 대왕으로 다시 서게 했다'

4.4 하나님이 원하는 것 하나만 제대로…

우리가 잘못한 것 어디 한두 가지인가? 그것들을 내놓으라고 한다면, 정말 수치스러워 단 한 사람도 그 앞에 설 수 없다. 그러나 지은 죄가 아무리 크고, 진하고, 많아도, *하나님이 원하시는 것, '회개' 하나만 제대로 한다면*, 하나님께서 절대로 우리를 그냥 버리시지 않는다. 뿐만 아니라 더욱 갑절의 축복으로 채워주시되 이른 비와 늦은 비, 축복의 장마비로 부어주신다.

> ■ One thing God wants
> '하나님이 원하는 것 하나만 제대로 한다면, 하나님은 절대 그냥
> 방치하지 않는다. 이 얼마나 풍부한 긍휼과 자비로운 분이신가?'

현재 물음표, 미래 마침표 워드 컬럼집

Present_Question_Future_Period_Word_Columns

2025 01 07 처음 1쇄 인쇄
2025 01 17 처음 1쇄 발행

지은이_이선화
펴낸이_배수영

발행처_도서출판 러빙터치
출판등록 2014.2.25.(제307-2014-9호)
서울 도봉구 덕릉로 66길 17, #1709-203호
02-745-0190/ 010-3088-0191
E-mail : pjesson02@naver.com

지은이_이선화
저자 연락처 : 광주광역시 북구 우치로 287-1
광주 에벤에셀교회 이선화 D.Min., Th.M.
Cell phone : 010-7779-3799
E- mail: 2663655@hanmail.net

Copyright ⓒ 2024 이선화
Printed in Korea

Present_Question_Future_Period_Coiumn

후(탈) 현대 그리스도인의 성품 변화모색을 위한 적용론

현대 | 그리스도인의 | 성품 | 변화모색

A Modern Christian A Change of Character

그리스도의 완성됨에 이를 수 있는가?
Can Jesus Christ be completed?

이 선 화 지음
Lee, Seon-Wha D.Min.

정·통·개·혁·주·의·입·장·의·신·약·성·경·개·론

신약성경개론

Introduction to The New Testament

신약에 더 가까이

Closer to The New Testament

"하나님이 세상을 이처럼 사랑하사 독생자를 주셨으니…"

Οὕτως γὰρ ἠγάπησεν ὁ θεὸς τὸν κόσμον,
ὥστε τὸν υἱὸν τὸν μονογενῆ ἔδωκεν
ἵνα πας ὁ πιστεύων εἰς αὐτον μὴ ἀπόληται
ἀλλ᾽ ἔχῃ ζωὴν αἰώνιον.

이 선 화 지음
Lee, Seon-Wha D.Min.

러빙 터치

상처+힐링
Jesus+만남

상처가 힐링되려면 그리스도를 만나라!

Wounds + Healing
Encounter + Jesus

이선화 지음

Loving Touch

Present│Question│Future│Period│Word│Columns

현재물음표 & 미래마침표

워드컬럼집

현_재_물_음_표_미_래_마_침_표_워_드_컬_럼_집

이선화 지음

도서출판 러빙터치